떠나라
그래야 보인다

떠나라, 그래야 보인다

초판 1쇄 인쇄 ·2016년 12월 25일
초판 1쇄 발행 ·2017년 01월 01일

지은이 ·송진구
펴낸이 ·이춘원
펴낸곳 ·책이있는마을
기   획 ·강영길
편   집 ·이경미
디자인 ·디자인오투
마케팅 ·강영길

주   소 ·경기도 고양시 일산동구 무궁화로120번길 40-14 (정발산동)
전   화 ·(031) 911-8017
팩   스 ·(031) 911-8018
이메일 ·bookvillagekr@hanmail.net
등록일 ·1997년 12월 26일
등록번호 ·제10-1532호

ISBN 978-89-5639-268-4 (03320)

이 도서의 국립중앙도서관 출판예정도서목록(CIP)은 서지정보유통지
원시스템 홈페이지(http://seoji.nl.go.kr)와 국가자료공동목록시스템
(http://www.nl.go.kr/kolisnet)에서 이용하실 수 있습니다.(CIP제어
번호: CIP2016027448)

산티아고에서 찾은
송진구 교수의 희망 메시지

떠나라
그래야
보인다

송진구 지음

책이있는마을

내가 떠나야 했던 이유

제 고향은 갯내와 솔 향으로 가득한 충청남도 태안의 자그마한 어촌 모항입니다. 아버님은 인근 항구에서 가장 큰 배인 남해호를 운영하는 선주셨습니다.

어느 날 우연히 남해호의 선원들이 하는 얘기를 들으니 모항항에서 몇 시간만 배를 타고 바다로 나가면 '병풍도(병풍처럼 깎아지른 절벽이 섬을 감싸고 있어서 병풍 같다고 붙여진 이름)'라는 무인도가 있는데, 숲이 우거져서 토끼도 많고, 볼 것도 많으며, 물고기도 많은 근사한 섬이라는 것이었습니다.

그래서 저는 그 섬에 가봐야겠다는 결심을 하고, 친한 친구 두 명과 병풍도 여행 준비에 착수했습니다. 그때가 초등학교 4학년 때였습니다.

다행히 남해호의 선장 아저씨에게 약속을 받아냈습니다. 남해호가 모항항을 떠나 물고기나 꽂게 어획을 하고 15일 후에 다시 모항항에 입항하는데, 출항할 때 저희를 병풍도에 내려주고 15일 후에 입항할 때 저희를 픽업하기로 약속을 한 겁니다.

약속을 받은 저는 세 명이 섬에서 적응할 수 있는 '캠프 훈련'을 시작했습니다. 동네 뒷산에 땅을 파고 잠잘 수 있는 공간을 마련하고, 밥 짓는 공간을 만들어서 밥 짓는 훈련도 하고, 그 섬에 지네가 많다고 해서 나무 위에 나뭇가지를 엮어서 잠잘 곳을 만들어서 자는 훈련도 했습니다. 제 초등학교 4학년의 절반은 그 캠프에서 보냈습니다.

캠프 훈련을 마친 뒤 병풍도 출발을 며칠 앞두고 친구들과 서로 역할 분담을 했습니다. 농사를 짓는 부모님을 둔 두 친구는 쌀과 닭 두 마리를 준비했습니다. 닭이 지네를 잡아먹기 때문에 닭은 반드시 필요했죠. 그 밖에 솥, 칼, 로프, 담배(저희 집에는 늘 15명의 선원들이 일하고 있었는데 그분들이 피우는 담배는 항상 집에 널려 있었고, 그 담배는 지네 같은 해충을 쫓는 데 효과가 있다고 알고 있었기 때문), 김치, 낚시, 이불 등은 제가 준비했습니다.

약 6개월 정도의 훈련을 마치고 D-Day가 다가왔습니다. 선장 아저씨와 약속한 대로 저희는 모든 준비물을 싸 들고 배가 출항하기 전 새벽에 배에 올라 다른 선원들 모르게 갑판 아래의 간(물고기를 어획하면 가두는 공간으로 평소에는 물이 없어서 사람이 들어갈 수 있는 공간)에 들어가서 출항을 기다리고 있었습니다.

그런데 그때 갑자기 아버님 목소리가 들리는 것이었습니다. 평소에는 출항하는 배에 오르지 않으시는데 그날은 배에서 아버님 목소리를 들은 것입니다.

그렇습니다. 저와 약속한 선장 아저씨가 아버님께 고해바친 것입니다. 저희는 줄행랑을 쳤고 환상의 병풍도 여행은 거기에서 끝났습니다.

지금도 명절에 고향에서 그 친구들을 만나면 "아, 우리가 그때 병풍도에 갔더라면 인생이 달라졌을 거야."라며 아쉬워하면서 서로 웃습니다.

제 첫 번째 특별한 여행은 그렇게 무산됐습니다.

그 이후로도 제 인생에서 크고 작은 여행은 계속되었습니다. 원래 여행을 좋아하는지라 많은 곳을 돌아다녔습니다. 대학 때 하숙집 아주머님이 저를 제일 좋아하셨는데 그 이유 중 하나가 하숙집에서 밥을 잘 안 먹었기 때문이었습니다. 주말만 되면 여행을 떠났고, 방학에는 전국일주를 했습니다. 서울에서 시작해서 서해안을 따라 내려갑니다. 대천해수욕장, 군산, 변산반도 채석강을 지나서 삼학도가 내려다보이는 목포 유달산에 이릅니다. 목포에는 홍탁, 삼합 등 먹을 것이 유난히 많습니다. 장흥을 거쳐 순천, 여수, 사천, 거제, 진해를 지나서 부산 을숙도에 이릅니다. 옛날에는 을숙도로 들어가는 데 배가 사람을 실어 날랐습니다. 을숙도는 사람의 키를 넘는 갈대가 숲을 이루는 모습이 장관이었습니다. 태종대와 광안리, 해운대를 거쳐서 동해로 올라갑니다. 눈부시게 아름다운 동해바다를 거슬러 올라가면서 경주, 포항, 영덕, 울진, 삼척을 거쳐 강릉에 이릅니다. 강릉은 제가 고2 때부터 10년 동안 매년 크리스마스이브에 홀로 여행을 갔던 곳이기도 합니다. 속초와 간성까지 가면 동해 여행은 끝이 납니다.

동해 여행이 끝나면 제주도로 갑니다. 협재해수욕장, 대저를 지나 서귀포에 도착합니다. 표선을 지나 성산 일출봉 아래에 숙소를 정하고 새벽에 일출봉에 올라 일출을 봅니다. 그리고 바닷물이 코발트색으로 빛나는 김녕해수욕장과 함덕해수욕장을 지나 용두암에 도착하죠. 제주 여행이 끝나면 다시 일상으로 돌아갑니다.

그런데 어느 날 매우 특별한 여행을 제안받게 되었습니다. 병풍도는 아니지만, 매우 깊은 역사와 의미가 있는 세상에서 가장 걷고 싶은 길을 떠나자는 제안을 받은 것입니다.

이 책은 그 특별한 여행에 관한 이야기입니다. 이 책은 연합뉴스 TV 〈뉴스 Y〉에서 마음 상처의 치유가 필요한 멘티를 공개 모집해서 그분들과 함께 산티아고 순례길을 30일 동안 800킬로미터를 걸으면서 체험한 것을 바탕으로, 인생길 완주의 9가지 원칙에 관하여 쓴 책입니다.

이 책의 특징은 이렇습니다.

1. 이 책은 치유 책입니다.

몸의 병을 다스리는 것을 치료라고 하고, 마음의 병을 다스리는 것을 치유라고 합니다. 이 책은 마음의 병을 고치고 다스려서 치유하고자 만들었습니다. 현대인들은 다양한 이유와 사연으로 다치고 베인 마음의 상처를 지니고 살고 있습니다. 저는 30일 동안 800킬로미터의 순례길을 매일 눈물로 걸었습니다. 깊은 성찰과 진정한 도전이 무엇인지를 경험했습니다. 그래서 이 책은 치유와 감동을 드립니다.

2. 이 책은 여행 책입니다.

이 책을 읽으면서 함께 여행을 떠납니다. 저희는 리얼 다큐멘터리를 찍으러 갔기 때문에 환경이 열악한 알베르게(공동 게스트하우스)에서 묵으며 걷느라 고생했지만, 시설을 갖춘 깨끗한 호텔에 투숙하면서 산티아고 순례길을 걸으려면 2000만 원 정도의 비용이 드는 길입니다.

이 책을 읽는 분들은 저와 함께 상상의 여행을 떠납니다. 인천공항에서 비행기를 타고 13시간을 날아가 스페인 마드리드에 도착해서 차로 7시간을 이동해 론세스바예스에서부터 함께 배낭을 메고 스페인 땅끝 산티아고데콤포스텔라로 향한 여행을 떠납니다. 고단하고 힘든 고통의 여정입니다.

3. 이 책은 인생길 책입니다.

산티아고 순례길 800킬로미터를 걸으면서 체험한 것을 바탕으로, 어떻게 하면 멀고 험한 인생길을 완주할 수 있을 것인가를 연구하고 분석한 책입니다. 그래서 이 책은 인생길을 의미 있게 완주할 수 있는 팁을 드립니다. 이 땅의 학생, 취업 준비생, 직장인, 중장년 모두의 문제는 앞으로 어디로 가야 할지를 모른다는 것입니다. 그래서 방황하고 절망합니다. 이 책은 방황하고 절망하는 인생의 나그네들에게 지혜로운 길을 제시합니다.

4. 이 책은 다큐멘터리 책입니다.

생생하고 다양한 사진과 글로 구성되어 있습니다. 제 홈페이지에 오시면 산티아고 순례길 관련된 생생한 사진과 사연, 그리고 방송된 영상들을 만나실 수 있습니다.

www.songjingu.com

차 례
CONTENTS

인생길 다큐   제 **1** 부

이건 답이 아니야,
떠나고 싶은 사람들

CAMINO DE SANTIAGO

01

↓

떠나고 싶은 사람들, 떠나는 사람들

Case 1 그냥 떠나고 싶다

잘나가는 회사의 5년차 커리어우먼인 그녀는 지금 세계 일주를 꿈꾼다. 아니, 직장은 어떡하고? 물론 1년 계획 잡고 있으니 사표 내야 가능한 일이다. 단군 이래 청년취업이 가장 어렵다고 죽는소리 들끓는 시대에 어떻게 들어간 회사인데 사표라니? 모두가 펄쩍 뛸 일이다. 그런데도 그녀는 지금 사표 확 던지고 세계 일주 떠날 꿈에 부풀어 있다. 경비는 대략 3000만 원! 물론 이 정도의 돈은 충분히 모아뒀다. 이제 사표 내고 떠나기만 하면 된다.

하지만 그녀 역시 사람인지라 고민하지 않을 수 없다. 가장 먼저 펄쩍 뛸 엄마 모습이 선하다. 말보다 손이 앞서는 아빠는 또 어떡하고? 아아! 고민 또 고민……. 자꾸 고민해봐도 답은 나오지 않는다. 세계 일주를 포기하자니 감옥 같은 직장생활이 목을 조여오고, 그렇다고 세계 일주를 감행하자니 복잡한 생각에 머리 터질 것 같고……. "그 다음엔 어떻게 먹고살 건데?"라며 매섭게 화살촉 쩔렀던 친구 말도 걱정에 걱정이다.

할 수 없이 SNS 고민란에 글을 올렸더니 미쳤다는 사람 반, 잘 생각했다는 사람 반이다. 아아! 도대체 어떻게 해야 한단 말인가! 그러니 그녀의 고민은 더욱 깊어만 갈 뿐이다.

Case 2 지금 아니면 안 돼

여대 3학년인 그녀는 카미노 데 산티아고(산티아고 가는 길)를 꿈꾸고 있다. 요즘 날고 기는 애들에 비하면 학점 꽝! 영어실력 꽝! 해외 여행 경험도 꽝! 게다가 한 달 동안 800킬로미터를 걷는 여행이라는데 체력도 꽝이면서 야심 찬 여행을 꿈꾸고 있는 것!

꿈 깨라, 꿈 깨! 요즘 대학생들 3학년부터 도서관 틀어박혀 까만 밤까지 불 밝히며 취업 준비하는 것 모르나? 게다가 좀 있으면 중간고사야, 중간고사! 학점 걱정도 안 돼! 너 그러다 사람 구실이라도 하겠냐?

아무리 주위에서 이런 소리가 들려도 이상하게 그녀는 산티아고에 꽂혀 있다. 이유는 모른다. 그냥 산티아고를 다녀와야 지금 꽉 막힌 가슴이 뻥 뚫릴 것만 같다. 자신감도 생길 것만 같다. 그래서 가고 싶은 것이다. 물론 지금 현실을 모르는 것은 절대 아니다. 지금 스펙으로는 남보다 배로 노력해도 될까 말까⋯⋯. 그런데 남보다 두 배 게으르니⋯⋯ 절망적인 걸. 하지만 어떡하랴, 가고 싶은데. 산티아고로! 미치도록, 터질 것같이 이곳을 떠나고 싶은데! 지금 아니면 안 될 것 같은데!

Case 3 포기하고 싶을 때도

 젠장, 또 실패다. 취업 삼수생 그는 면접 본 직후 직감했다. 이번에도 낙엽 떨어지듯 떨어질 것은 뻔한 일이라고! 벌써 몇 번짼가. 이제 부모님 볼 면목도 없다. 친구들 보기는 더 부끄럽고⋯⋯. 제기랄, 그래도 친구들 앞에서는 당당했었는데 이젠 자신도 없다. 하기야 내 스펙으로 그 회사 들어간다는 게 애초에 욕심이지. 쯧쯧, 이게 내 모습이야, 내 진짜 모습이라고! 아아! 갑자기 세상이 무시무시한 정글처럼 느껴진다. 나 같은 놈은 도저히 낄 수도 없는 무시무시한 정글! 여기서 포기하고 싶다. 차라리 떠나버릴까. 에이 무슨 생각? 그래 바다라도 좀 보고 왔으면! 그 순간 갑자기 고아가 부럽다. 고아는 부모도 없고 친구도 없을 테니 최소한 나 같은 걱정은 안 할 것 아닌가! 그럼 지금 어디론가 떠나버려도 아무 문제없을 텐데⋯⋯.

 아! 하지만 지금 난 불행하게도 그렇지 못해! 아마 지금 내가 어디로 떠난다고 하면 미친놈이라 하겠지. 다른 친구들은 다 도서관 틀어박혀 바늘구멍 들어간다고 날밤 지새고 있는데 가긴 어딜 가냐고? 아버지의 불호령이 떨어지겠지? 친구 놈들도 나더러 얼빠진 놈이라 하겠지? 아! 그냥 딱 한 번, 딱 한 번만이라도 좋으니 넓은 바다라도 좀 보고 왔으면 좋겠다! 딱 한 번만이라도!

Case 4 새로운 전환점이 필요한데

그는 누구나 꿈꾸는 작가의 꿈을 이룬 사람! 돌아보니 나름 대단한 삶이다 싶다. 사십 나절에 찾아온 어릴 적 꿈! 미치도록 꿈을 이루고 싶어 2년 동안 바둥댄 끝에 나왔던 자기 이름 석 자 찍힌 책! 그때 정말 행복했었지. 하지만 행복은 거기까지였어! 마누라까지 직장 팽개칠 줄 몰랐거든. 다시 직장에 들어갈까 고민했지만 글 쓰는 일이 너무 좋아 글로 밥 먹고 살 결심했다.

그때부터 그는 닥치는 대로 글을 썼지. 작품이 아니라 하더라도 역사, 인물, 시사, 상식 등 돈이 되는 것이면 뭐든지! 그래야 글로 먹고살 수 있었거든! 그렇게 10여 년을 열심히 달렸더니 수십 권의 책이 나왔고 적어도 출판사에서는 중견작가 소리도 들을 수 있었다.

하지만 젠장, 어느 날 그는 자신이 작가가 아니라 글 노동자라는 생각에 사로잡혔다. 글 노동자! 누구는 멋진 말이라 할지 모르지만 적어도 그에게는 답답한 일이다. 적어도 작가로서 좀 더 새로운 글을 생산하고 싶건만, 이제 머리가 고갈된 건지 비슷비슷한 글만 나오고 있으니! 미칠 지경이다. 뭔가 새로운 전환점이 없을까? 아아! 떠나고 싶다. 가족도 없고, 친구도 없고, 내가 아는 사람 하나도 없는 곳으로! 혹 파리에 갈 수 있다면 얼마나 좋을까? 아니 아프리카 케냐도 좋아! 어디든 갈 수만 있다면 뭔가 새로운 아이디어가 떠오를 텐데……. 그는 짧은 순간 상상의 나래를 편다.

그의 이 마음을 아는지 모르는지, 대문을 들어서자마자 아내가 이번 달 생활비 언제 줄 거냐고? 애들은 수학여행 가야 하니 돈 달라고 아우성이다! 집안 꼴이 이런데 제기랄, 감히 어디를 간다고……. 쯧쯧, 아예 꿈이나 꾸지 말지.

Case 5 뭔가 답이 있겠지

바람 불면 날아갈 듯 가냘픈 외모의 그녀! 21년 이어온 직장생활 마침표 찍어야 하나, 고민에 빠졌다. 그동안 수십 번, 아니 수백 번 참고 또 참아왔던 직장! 그러나 이번만은 도저히 참을 수가 없다. 지금 관두지 않으면 미쳐버릴 것만 같다. 자존심은 갈기갈기 찢긴 지 오래! 자존심 내려놓고 참고 또 참아왔건만! 그래도 번듯한 직장에 다닌다는 한 가닥 끈으로 버텨왔던 직장이건만! 그 뚱뚱하고 짤막한 바로 위 상사가 내던진 한마디에 와르르 다 무너지고 말았다.

"너 그것밖에 못해!"

하얀 종이에 상사 얼굴 그리고 수도 없이 찍고 또 찍었다. 그래도 분은 풀리지 않고 도리어 더 폭발할 것만 같은 증상! 그래서 21년 직장생활 종지부 찍기로 결심했다.

12월 31일 마지막 출근을 하는 그 아침, 이번에는 남편마저 비위를 뒤집는다. 식탁에 얼룩이 덕지덕지한데 생각 없는 남편이 거기다 반찬통을 놓은 것! 그 순간 그녀는 상사에게 퍼부어야 할 분노를 남편에게 속 시원히 다 퍼부어버렸다. 아아! 남편이 그걸 받아줬으면 좋으련만, 남편도 발끈 아내에게 쏘아붙였다.

"당신, 그 성격 고치지 않으면 도저히 안 돼!"

남편의 말이 화살촉처럼 가슴에 박혀 더 아팠다. 지금 내가 얼마나 힘든 줄 모르고 저런 말 할까? 서운한 감정, 분노, 혼동, 절망 같은 감정들이 교차하며 흘렀다.

"오늘 같은 날 꼭 그런 말을 해야 돼?"

이성을 잃고 남편에게 쏘아붙였다. 남편도 지지 않으려 더 크게 소리 질렀고……. 그때였다. 갑자기 말이 나오지 않는다. 갑자기 뒷목도 뻣뻣해지고 머리가 돌덩이처럼 무겁다. 그녀가 쓰러지려 하자 그제야 남편이 그녀에게 사과한다.

"미안해, 나도 요즘 예민해져서……."

남편의 사과가 귀에 들어올 리 만무, 그녀는 그렇게 그날 사표를 냈다. 돌아오면서, 어디론가 떠나고 싶다는 생각이 간절히 들었다.

뭐라고? 성격 안 고치면 어떻게 된다고? 나 참! 자기는 얼마나 잘났기에…….

남편을 한방 먹이고 있는데 하필 자기를 그리 괴롭혔던 직장상사가 오버랩된다. 그 순간 어디론가 떠나고 싶다는 생각! 아니, 정말로 떠나고 싶었다. 훌쩍 떠나면 뭔가 해결점이 있을 것만 같은 느낌! 하지만 한 번도 혼자 여행은 떠나본 적이 없다. 워낙 겁이 많은 성격이라 한 번도! 잠깐 남편이 떠올랐지만 이번만은 혼자, 그래 혼자 떠나고 싶었다. 어딘가 먼 곳으로! 하지만 그 순간 그녀 귀에 애들 밥 달라는 소리가 앵앵거렸다. 한 사흘 청소 안 해 엉망이 된 집안 꼴이 떠올랐다. 하필 왜 지금 이런 생각이 드는 거야! 그녀는 그 생각을 원망했지만 망설이지 않을 수 없었다.

왜 떠나고 싶어 하고, 또 떠날까

주변에는 정말로 떠나고 싶어 하는 사람들이 많은 듯합니다. 저도 꿈 강의를 하기에 사람들에게 하고 싶은 것이 무어냐 물어보면 열에 아홉은 '여행'이라 답합니다. 새해 계획에도 어김없이 빠지지 않는 게 여행입니다. 왜 사람들은 이토록 떠나고 싶어 할까요?

물론 예상대로 여기에 대한 답은 하나가 아닙니다. 케이스 1처럼 숨 막히는 일상이 목을 조여와서, 케이스 2처럼 젊음을 분출하고파서, 케이스 3처럼 현실에서 도피하고자, 케이스 4처럼 새로움을 경험하고자, 케이스 5처럼 인생의 답을 얻고자 등 이유는 매우 다양합니다. 아마 이 외에도 쉼이 필요해서, 재충전하려고, 즐기고 싶어서, 행복해지려고 등 다양한 이유가 있을 것입니다. 그런데 이런 다양한 떠남의 이유에서 공통적으로 변하지 않는 게 하나 있습니다. 바로 '떠나고 싶은 마음'입니다. 인간이라면 누구든 이 떠나고 싶은 마음이 있다는 사실입니다.

떠나는 이유 두 가지 - 채움과 비움

대부분의 경우, 인간은 두 가지 이유로 떠나고 싶은 마음이 생긴다고 할 수 있습니다. 하나는 채우기 위해서, 또 하나는 비우기 위해서입니다. 인간은 부족한 게 있으면 채우려는 본능이 있습니다. 배고픈데 밥 안 먹어도 되는 사람 있습니까? 잠이 부족한데 잠 안

자도 되는 사람 있습니까? 반대로 배가 너무 부른데 계속 먹을 수 있는 사람 있습니까? 이때는 먹는 것보다 비우는 게 우선이겠지요.

인간이 여행을 통해 채우고 싶은 건 어떤 게 있을까요? 행복, 숨막히는 일상을 벗어난 여유로움, 재충전, 새로운 발견 등 여러 가지가 있을 것입니다.

아나운서에서 여행가로 변신하여 유명해진 손미나 작가는 아프리카 원주민 이야기를 인용하며 잃어버린 영혼을 채우기 위해 여행을 떠난다고 했습니다. 과거 유럽 열강들의 아프리카 개척시대에 탐험가들이 원주민을 데리고 정글 탐험에 나섰습니다. 이때 원주민들은 유럽 탐험가들에게 길을 안내하고 많은 짐 나르는 일을 했습니다. 그런데 3일을 쉬지 않고 탐험하고 있었는데 갑자기 원주민들이 그 자리에 털썩 주저앉아버렸다고 합니다. 탐험가들은 펄쩍 화를 내며 왜 그러냐고 따져 물었습니다. 그랬더니 원주민들은 이렇게 대답했습니다.

"지난 3일 동안 너무 쉬지도 못하고 바쁘게 달려왔더니 내 영혼이 따라오지 못했습니다. 그래서 영혼이 따라올 때까지 기다렸다 가야겠습니다."

어떤가요? 많은 것을 생각하게 하지 않습니까? 사실 요즘 우리나라 사람들은 정말 너무 바쁘게 쉬지도 못하고 살아가는 사람들이 매우 많지 않습니까? 하지만 인간의 영혼은 그런 속도를 따라가지 못하는 법입니다. 인간의 욕심은 좀 더 빠르게 달려 원하는 것을 얻기 원하지만 영혼은 그런 욕심이 없기 때문입니다. 그러다 보니 사람들은 지금 자신들의 영혼이 어디쯤에 있는지도 모른 채 살아갈 수밖에 없다는 것입니다. 인간은 결국 영혼이 채워질 때 비로소 행복할 수 있는 존재이기 때문입니다. 사실 앞에서 인간들이 여행을 통하여 채우려 하고자 했던 행복, 숨 막히는 일상을 벗어난 여유로움, 재충전, 새로운 발견 들이 모두 영혼과 관계된 것일 수도 있을 것입니다.

반대로 인간이 여행을 통하여 비우고 싶은 건 무엇일까요? 숨 막히는 일상, 무거운 짐, 아픔, 분노, 욕심 등이 될 수 있을 것입니다.

사실 인간이 떠남을 통하여 비우고자 하는 것들, 숨 막히는 일상, 무거운 짐, 아픔, 분노, 욕심 등은 모두 부정적인 것이라 할 수 있습니다. 즉, 인간은 부정적인 것이 생기면 그것을 비우고자 떠나고 싶은 본능이 생긴다는 것입니다.

어쨌든 떠나는 사람 많고 또 많다

세상에는 떠나고 싶어 하는 사람, 또 떠나는 사람이 진짜 많은 듯합니다. 무작위로 선택한 1000명의 사람 중에 최근 3년 동안 해외여행을 한 경험이 있냐고 물었더니 50퍼센트가 넘는 사람들이 경험이 있다고 답했다 합니다. 이 정도라면 이제 해외여행은 어떤 돈 많고 시간 많은 사람들만 할 수 있는 특별한 것이 아니라 이미 보편화된 듯합니다. 더욱이 국내여행과 해외여행의 비율이 7 대 3 정도인 것을 감안하면 한 번이라도 여행을 다녀오지 않은 사람은 거의 없을 정도입니다.

최근 우리나라 경제는 바닥을 치고 있다고 다들 난리지요. 대형 마트, 식당, 옷가게, 서점, 시장 등 모든 상인들이 매출 떨어진다며 불안해하고 있습니다. 그런데 이러한 때에도 활황을 치고 있는 업종이 있습니다. 바로 여행 산업입니다. 유류비 인하, 환율 등 여러 가지 이유로 여행 산업의 매출은 계속 증가하고 있습니다.

2014년 한 해 동안 우리나라로 들어오고 나간 사람의 수는 얼마나 될까요? 2014년 한국관광공사가 집계한 내국인 출국자 수는 1595만 명, 방한한 외국인 수는 1420만 명에 이른다고 합니다. 엄청난 수이지요. 그런데 이게 전년 대비하여 각각 7.4퍼센트, 16.6퍼센트 증가한 수치라고 하니 입이 다물어지지 않습니다. 더 놀라운 것은 2015년 올해 예상수치는 여기에서 내국인 출국자 수는 6퍼센트, 방한할 외국인 수는 12.8퍼센트 증가할 것이라는 전망을 내놓았다는 사실입니다.

물론 이 중에는 업무상 목적도 있겠지만 어쨌든 지금 세상에는 이처럼 많은 사람들이 떠남을 감행하고 있다는 사실이 중요합니다. 앞에서 떠남은 뭔가를 채우기 위해, 또 뭔가를 비우기 위해 하는 것이라 했습니다. 인간이 뭔가를 채우려 하고 비우려 하는 것은 어쩌면 살아남기 위한 처절한 생존본능이라 할 수 있을 것입니다. 채우지 않거나 비우지 않고서는 인간으로 살아갈 의미를 못 느끼기 때문입니다. 그런 면에서 떠남의 또 다른 이름은 인간으로 살아남기 위한 처절한 몸부림이라면 좀 지나친 표현일까요.

많은 사람들은 오늘도 채우거나 비우기 위해 떠나고 싶어 합니다. 하지만 철옹성 같은 현실의 벽에 부딪히는 사람들도 많습니다. 떠나기 위해서는 돈과 시간이 필요한데, 둘 중 하나라도 충족되지 않으면 떠날 수 없으니! 현대인 중 이 두 가지에 다 여유가 있거나 한 가지라도 여유가 있는 사람은 매우 드문 것이 현실입니다. 결국 사람들은 눈물을 머금고 떠남을 미루거나 포기한 채 살아갈 수밖에 없습니다.

놀라운 것은, 우리 주변에 정반대의 사람도 무척 많다는 사실입니다. 요즘 돈과 시간을 포기하고 떠나는 사람들이 부쩍 늘었습니다. 누구누구가 갑자기 세계 일주를 위해 번듯한 직장을 그만두는 사례가 속출하고 있습니다. 요즘처럼 직장 구하기 힘든 시대에 직장을 그만두다니요. 이건 사치를 넘어 무도한 일이라 손가락질 받을지도 모를 일입니다. 그런데, 그런데도 그런 일을 자행(?)하는 사람들이 점점 늘어가고 있습니다. 남녀 구분할 것 없을 정도입니다.

모 유학생은 산티아고 순례여행을 위해 학교를 휴학했다고 합니다. 산티아고 순례여행은 수백만 원의 경비와 한 달 이상의 시간을 요하는 걷기 여행입니다. 아무나 할 수 있는 여행이 아닌 것입니다. 그런데 서점에 갔더니 산티아고 여행기만 100권이 넘게 나와 있습니다. 이미 한 해에 산티아고를 찾는 한국인만 수천 명에 달한다고 합니다. 이처럼 많은 사람들이 이미 떠남을 감행하고 있는 것입니다. 물론 이들 중 여유가 있어 떠나는 사람도 있겠지만 대부분은 자신의 출혈을 감행하면서도 떠난다는 사실이 많은 것을 생각하게 합니다.

떠나고 싶어도 떠나지 못하는 사람들이나 이미 떠남을 시도한 사람들이나 그들은 오직 한 가지 본능이 있는 듯합니다. 그것은 바로 떠남을 통하여 인생의 답을 얻으려 하는 것입니다. 회복이 될 수도 있겠고, 쉼이 될 수도 있을 것이며 의미, 가치 등이 될 수도 있을 것입니다. 그들은 그것을 얻기 위해 손해를 감수하고서라도 이 위험한 모험을 감행하는 것입니다. 그것은 손해보다 위험한 모험에서 얻을 수 있는 가치가 더 크기 때문에 가능한 일일 것입니다. 그런 의미에서 떠남은 이미 우리 삶의 일부로 다가와 있다고 할 수 있을 것입니다.

02

↓

떠남의 기회, 어느 날 찾아온다

Case 1 자동차 버리고 걷기 여행

1971년 1월 16일, 샌프란시스코 만에서 끔찍한 광경이 벌어졌다.
샌프란시스코 만 금문교 아래를 지나던 유조선에서 갑자기 꽝 하고
폭발음이 울렸던 것이다. 그리고 바다 위를 덮어버린 기름은 마치
파란 바다를 검은 먹으로 칠해버린 것 같았다. 얼마나 많은 기름이
흘러내린 걸까? 검은 기름띠는 바다 서 끝 수병선까지 덮을 기세다.

더 끔찍한 일들이 벌어졌다. 검은 기름 괴물은 갈매기는 물론 바
다에서 숨 쉬는 모든 것까지 삼켜버렸다. 심지어 아름다운 모래와
돌, 바위들까지! 사람들은 대자연과 함께 슬픔에 빠졌고 그 흑마로
부터 해변을 구해내기 위해 기름때를 닦고 또 닦았다. 수많은 자원
봉사자들이 몰려들었으며 뒤늦은 그들의 노력은 눈물겨울 정도로

애절하고 처절했다. 그 자원봉사자들 중에는 존 프랜시스라는 사람
도 포함되어 있었다. 존 프랜시스는 아무리 닦고 또 닦아도 끝없이
몰려드는 검은 기름때에 아연실색할 수밖에 없었다.

'도대체 무엇이 이런 비극을 만들었단 말인가!'

존 프랜시스의 성찰은 이제 자신에게로 좁혀졌다. 비록 유조선 때
문에 벌어진 일이라 하지만 크게 보면 자신 역시 자연환경을 더럽히
는 데 일조한 사람이다. 유조선의 기름은 결국 자신이 타고 다니는
자동차를 운행하기 위한 기름이었지 않은가. 나부터 책임 있는 행동
을 하지 않으면 안 된다. 존 프랜시스의 결론은 이것이었다. 그때부
터 존 프랜시스는 기름을 쓰는 자동차를 타고 다니지 않았다. 대신
걸어 다녔다. 그렇게 걷다 보니 얼마든지 떠날 수 있는 자신이 생겼
다. 사람들은 그의 행동이 어리석다고 비난했지만 존 프랜시스는 아
랑곳하지 않았다. 존 프랜시스의 도보여행은 이제 로키 산맥을 넘었
고 드넓은 미국 횡단에 성공하기까지 이른다. 그리고 그 도보여행은
계속되어 17년간의 침묵여행과 22년간의 도보여행으로 이어졌다. 여
기서 침묵여행이란 참회의 뜻으로 침묵하며 걷는 여행을 뜻한다.

Case 2 살아야 할 이유를 찾기 위한 여행

기자로서의 삶을 끝내고 은퇴하니 딱 예순이었다. 그런데 끝이 나
락이었다. 살아야 할 이유가 없어졌다. 왜 살아야 하는지, 왜 자신이

숨을 쉬어야 하는지조차 모를 정도로 무기력증에 빠졌다. 이건 침몰하는 배와 다름없었다. 아니나 다를까, 유일한 희망이었던 아내까지 갑자기 죽음으로 사라졌다. 이제 우울증은 절망으로 치달았다. 이대로 죽을 것인가, 아니면······.

베르나르 올리비에는 그 죽음의 문턱에서 죽음 대신 삶을 선택했다. 어떻게 살 것인가? 무작정 걸어보는 것이다. 평생 기사를 쫓아 뛰어다녔던 튼튼한 두 발이 있지 않은가! 그날부터 베르나르 올리비에는 걷기 시작했다. 그리고 떠났다. 베르나르 올리비에가 선택한 곳은 실크로드! 그 길이만 장장 1만 2000킬로미터! 지구둘레의 4분의 1이 넘는 엄청난 거리다. 얼마나 걸릴지 모르지만 베르나르 올리비에는 이 길을 걷는 것만이 자신이 살 길이라 생각했다. 그래서 걷고 또 걸었다.

실크로드는 그리 쉽게 베르나르 올리비에에게 정복당할 기세가 아니었다. 온갖 전염병과 맹수들이 위협하고 있었다. 그뿐이 아니다. 실크로드는 수많은 국경을 통과해야 하는데 거기에는 살벌한 내전이 벌어지는 곳도 있었다. 베르나르 올리비에는 이 전쟁터를 무사히 통과해야 비로소 실크로드를 정복할 수 있었던 것이다. 그럼에도 베르나르 올리비에는 기쁜 마음으로 실크로드를 걷고 또 걸었다. 1년, 2년, 3년이 지났어도 끝이 보이지 않았지만 포기하지 않았다. 드디어 4년이 되었을 때 비로소 실크로드의 끝에 도달할 수 있었다.

베르나르 올리비에가 실크로드를 끝냈을 때, 이미 죽음은 온데간

데없었다. 오히려 살아야 할 이유가 더 명확해졌다. 베르나르 올리비에는 이제 자신이 어떤 의미 있는 일을 하고 살지 행복한 고민에 빠져들었다.

어느 날 찾아오는 떠남의 기회

❦

케이스 1의 존 프랜시스 이야기와 케이스 2의 베르나르 올리비에의 떠남은 우리에게 많은 것을 생각하게 합니다. 공통점은 둘 다 어느 날 갑자기 떠남의 기회가 찾아왔다는 사실입니다. 그리고 그 떠남을 통하여 완전히 새로운 삶을 살게 되었다는 사실입니다. 특히 베르나르 올리비에의 경우 청소년 수감자들을 위한 단체를 만들고 이들에게 걷기를 가르쳐 새로운 삶으로 거듭나게 하는 일을 했습니다. 그 성과는 놀라웠습니다. 이 단체에서 걷기를 했던 청소년 수감자들의 재범률이 85퍼센트에서 15퍼센트로 떨어졌다니 말입니다. 베르나르 올리비에는 걷기를 통하여 자신을 구원했을 뿐만 아니라 아이들까지 구원할 수 있었던 것입니다.

갑자기 찾아온 떠남의 기회

저도 갑자기 걷는 프로그램에 출연해달라는 제안을 받게 됩니다. 연합뉴스 TV 〈뉴스 Y〉에서 방송 제안이 들어온 것입니다. 다큐멘터리 5부작인데, 시간은 30일이 소요되고, 장소는 세계에서 가장 유명한 순례길, 바로 산티아고라는 것입니다. 그 산티아고 순례길 800킬로미터를 인생 멘토로서 공모로 선발된 멘티들과 함께 걸으면서 강의와 대화를 통해서 멘티의 아픔을 치유하는 과정을 찍고 싶다는 것이었습니다. 순간 안 그래도 큰 저의 머리는 번갯불보다 빠르게 돌아가기 시작했습니다.

'그동안 약 600여 회의 방송 출연을 했었지만, 대부분 강의 프로그램이었기에 다른 토크 프로그램처럼 시간이 많이 소요되는 것도 아니고, 녹화도 한 번에 끝났다. 그런데 이 제안은 무려 30일 동안 800킬로미터를 걸어야 한다는 황당한 제안? 구미는 당기지만 이건 말도 안 되는 소리?'

가고 싶다 하더라도, 현실적으로 해결할 수 없는 문제 몇 가지가 맴돌았습니다.

1. 어떻게 30일 동안 모든 일정을 비울까?
2. 매주 방송 출연(MBC 〈TV 특강〉)은 어떻게 하고?
3. 더구나 한 달 동안 한국에 없으면 이미 확정된 강의 일정을 모두 취소해야 하는데, 1년 전부터 잡혀 있는 그 강의를 어떻게 취소하며? 더구나 어떤 강의는 한자리에 1만 2000명이나 모이는 강의인데 그 강의를 어떻게 취소할 수 있단 말인가?
4. 만약 취소에 동의해준다고 해도 한 달 동안 오프라인 강의 수입이 0원이 되는 것인데, 방송사에서 그 돈을 대신 줄 수 있나? 어떤 방송사도 그만한 돈을 줄 수 없지 않은가?
5. 더구나 5분 이상 걸으면 차를 타는 습관이 몸에 배었는데 어떻게 800킬로미터를 걸어?

생각이 여기에 이르자 당연히 일언지하에 거절했습니다. 말도 안 되는 황당한 제안이라 생각했습니다. 아마 나를 잘 몰라 이런 제안을 했을 것이라 생각했습니다. 그렇게 잠시 인 물결이 잔잔해지자 저는 다시 일상으로 돌아갔습니다.

그런데 이상한 일들이 벌어지기 시작했습니다. 글을 쓸 때나 책을 볼 때, 차를 마실 때나 운전을 할 때, 걸을 때나 심지어 잠을 잘 때도 계속 산티아고 800킬로미터 고행의 순례길이 떠오르는 겁니다. 여기까지면 말을 하지 않겠습니다. 세상에! 이 건장한 남자의 말똥말똥한 눈에서 눈물이 줄줄 흐르는 겁니다. 이건 도대체 무슨 의미일까요? 이제 저는 이 미스터리를 풀지 않고는 배길 수가 없게 되었습니다.

기회는 늘 오는 게 아니니까, 떠나라

다음 날부터 제 인생의 멘토와 친구들에게 묻기 시작했습니다.

"이런 제안이 왔는데 어떻게 할까요?"

그러자 '떠나라'는 납변이 되돌아왔습니다. 몇 명의 멘토들에게서도 똑같은 대답이 돌아왔습니다. 이때까지만 해도 이분들이 내 사정을 잘 몰라 저리 쉽게 답한다고 생각했습니다. 저는 마지막으로 친구인 강승완 회장의 의견을 들어보기로 하였습니다. 강승완 회장 부부는 저와 포장마차에서 소주잔을 기울이는 막역한 사이입니다. 그날 저는 심각한 표정으로 함께 포장마차에 앉아서 닭발 안주에

소맥을 마시면서 이야기했습니다.

"아! 어떻게 할까?"

그때 강승완 회장이 이런 얘기를 합니다.

"송 교수, 자네가 한 달 동안 자리를 비우는 것은 절대로 쉬운 일이 아닐 걸세. 학교 수업도 그렇고, 매주 방송도 해야 하는데 못 하고……. 더구나 외부 강의를 한 달간 못 하니 금전적인 손실이 이만 저만이 아니겠지. 하지만 내가 세상을 살아보니 때가 있더라고. 지금 아니면 못 하는 때, 지나가면 후회하는 때, 지금은 자네가 그 때를 만난 걸세. 자네가 강의할 때 매번 그러잖아. 지금 행동하라고. 지금이 자네가 행동할 때일세. 모든 것을 접어두고 떠나게. 물론 은퇴하고 한가해지면 그때 갈 수 있겠지만 그때는 도가니가 다 닳아서 800킬로미터를 걸을 수도 없을 걸세. 지금 떠나게."

그 말은 저의 결심을 굳히는 데 결정적 역할을 했습니다.

'근데 걷기하고는 상극인 내가 800킬로미터를 걸을 수 있을까?' 하는 의구심이 들었습니다. 아직 마음이 준비되지 않았다는 증거였습니다. 하지만 하늘이 움직였는지 다음 날부터 격려 문자와 도움이 쇄도하기 시작했습니다.

정영화 형으로부터 문자가 왔습니다.

외부 강의, 방송 스케줄 등 평상시 송 교수의 일상을 한 달씩이나 내려놓기가 쉽지 않을 것 같지만……. 그 나이쯤에 이런 도전의 기회를 혼자서 준비하기엔 쉽지 않을 것이오.

많은 고통과 고난이 동반되는 여행이지만 방송이라는 최고의 이기가 그 기록을 담아줄 테니 그건 돈으로 살 수 없는 자산이 되지 않을까 싶네요. 무엇보다 제일 중요한 것은 송 교수 트레이드마크인 '희망'에 대한 많은 콘텐츠와 스토리를 얻는 것이 가장 큰 성과가 아니겠소?

이 프로젝트를 완성하고 나면 송 교수의 희망 전도에 엄청난 파워와 논리가 더해질 것은 확실하겠지요.

남은 인생의 여백을 좀 더 현란한 색상으로 꾸며볼 의향이라면 한 달쯤 과감히 던져볼 만한 가치가 있지 않을까요?

그럴 수 있는 시간과 체력을 가진 송 교수가 정말 부럽소.

- 정영화 배

오랜 중국인 친구인 김호운 회장은 "인생의 기회는 한 번밖에 없으니 떠나서 더 넓은 세상을 보고 오세요."라며 여정에 필요한 등산복, 등산화, 배낭 등 제반 장비까지 지원해주었습니다.

인간이란 참 간사한 존재인가 봅니다. 이렇게 격려를 받으니 정말로 힘이 나기 시작했습니다.

'그래, 이번 기회에 내 한계에 도전해보자!'

이제 드디어 저는 자신감으로 충만했고 산티아고 800킬로미터 순례길에 정면으로 도전장을 내밀기로 한 것입니다.

떠남의 기회, 나에게도 올 수 있다

저에게도 떠남의 기회가 왔듯이, 누구에게나 떠남의 기회는 찾아올 수 있다고 생각합니다. 여기서는 재미와 울림을 주기 위해 주로 떠남의 주제를 거창한 세계 일주나 산티아고 같은 것으로 했는데 굳이 그걸 부러워할 필요는 없습니다. 누구나 똑같은 답을 구하기 위해 떠나는 것은 아니니까요. 자신의 문제에 대한 답은 오직 자신만이 얻을 수 있는 법입니다. 그러니 남들이 멀리 떠난다고 부러워할 필요가 없습니다. 단지 잠시 일상에서 벗어나 공원을 거니는 것도 훌륭한 떠남이 될 수 있을 것입니다. 짬을 내어 양서 한 권을 읽는 것도 매우 좋은 떠남이 될 수 있을 것입니다. 멀리 떠나는 사람들이 부럽지만 지금 당장 시간과 돈이 없다면 그들의 여행기를 읽는 것도 좋은 떠남이 될 수 있을 것입니다.

부탁하고 싶은 것은, 이런 작은 떠남의 기회도 훌륭한 것이니 소중히 여겨야 한다는 것입니다. 저는 떠남이 중요한 이유에 대하여 다음과 같은 예를 들기 좋아합니다. 제가 강의에 자주 활용하는 방법이기도 합니다. 9개의 점이 있는데 직선 4개를 사용하여 펜을 떼지 말고 9개의 점을 모두 연결하라는 문제입니다. 한번 문제를 풀어 보시기 바랍니다.

9개의 점을 펜을 떼지 말고 4개의 선으로 연결하라

아마 아무리 풀려 해도 쉽게 풀리지 않을 것입니다. 그것은 절대 9개의 점을 이루고 있는 사각형 안에서는 답을 구할 수 없기 때문입니다. 답은 다음과 같습니다.

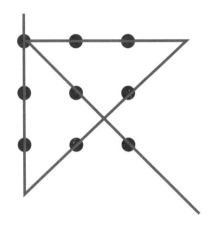

어떤가요? 조금 허무하지요. '진작 바깥으로 나갈 수도 있다고 했으면 풀 수 있었을 텐데.'라며 아쉬워하는 모습이 선합니다. 그런데 처음 문제 낼 때를 생각해보세요. 바깥으로 나가면 안 된다고 말한 적이 없습니다. 그렇습니다. 사각형 바깥으로 나가지 말아야 한다는 생각은 스스로가 한 것입니다. 왜 그럴까요? 지금 나는 사각형처럼 스스로 쌓은 고정된 세계 안에서 살고 있기 때문입니다. 그러니 사각형 바깥으로 나갈 생각조차 하지 못하는 것입니다.

이 문제의 답은 떠남이 왜 중요한지 이유를 알려줍니다. 우리는 우리가 살고 있는 세계 안에서 생기는 여러 문제에 부딪히며 살아가고 있습니다. 그런데 우리가 살고 있는 세계 안에서 생기는 문제의 답은 어쩌면 그 세계 안의 지식만으로는 풀 수 없는 것들이 많습니다. 예를 들어 앞에서도 손미나 작가가 이야기했던 영혼의 문제나 인간이 왜 사는지 하는 본질적인 질문들은 이 세계 안에서 답을 구하기 무척 힘든 형이상학적인 질문들입니다. 그런데 이런 문제에 대한 답은 어쩌면 고정된 세계에서 벗어난 바깥에서 찾을 수도 있는 것입니다. 위의 문제의 답처럼 말입니다. 그래서 예로부터 수많은 성인들이 자신의 현실을 벗어 던지고 고행의 길을 떠나기도 했던 것입니다.

마찬가지로 우리네 인생의 고정 틀에서 답을 찾지 못해 방황하는 사람들이라면 떠남이 그 답을 찾을 수 있는 훌륭한 기회를 제공해 줄 수 있을 것입니다. 그러니 당신도 이제 혹시 모를 떠남의 기회가 찾아온다면 절대 놓치지 말고 반드시 붙들기 바랍니다.

인 생 길 다 큐 제2부

인생길 800킬로미터,

여정을 떠나다

CAMINO DE SANTIAGO

03

↓

....

800킬로미터 여정 길 스타트 vs
인생길 스타트, 나침반 – 방향에 대하여

🔵 여행스케치 | 카미노 데 산티아고

　세상에서 가장 아름답기로 소문난 길이 하나 있다. 사람들은 무려 천 년의 시간을 품은 이 길을 '카미노 데 산티아고(산티아고 가는 길)' 라 부른다. 이 길은 프랑스 국경이 끝나고 스페인 국경이 시작되는 지점부터 스페인의 땅끝, 성 야고보의 유해가 묻혀 있는 산티아고데 콤포스텔라 대성당까지 800킬로미터에 달하는 길이다.

　종교적 신념에서 시작된 순례길! 하지만 이제 자신을 찾고 싶어 하는 이들에게 희망을 품은 길이 되었다. 성 야고보가 누구이기에 산티아고데콤포스텔라가 성지가 되고 순례길이 되었을까?

　성 야고보는 예수의 열두 제자 중 한 명으로 신약성서의 저자인

요한의 형이기도 하다. 이들 형제는 갈릴리 출신으로서 예수의 부름을 받았을 때 그물을 손질하던 어부에 불과했다. 하지만 예수의 부름에 그들은 곧 배와 가족을 버린 채 예수를 따랐고, 십자가 사건 이후 열렬히 복음을 전하다가 서기 44년 파스카 축일 전날 헤롯 아그리파 1세에 의해 예루살렘에서 장렬한 순교를 맞았다. 예수의 열두 제자 중 최초의 순교였던 것이다. 야고보가 참수당한 뒤 그 유해를 실은 배가 도착해 묻힌 곳이 바로 산티아고데콤포스텔라이다. 야고보를 스페인어로 산티아고라고 한다. 중세부터 수도사들은 영혼의 희망을 품으며 산티아고데콤포스텔라를 향해 걸었고, 이제 이 길은 모든 사람들의 희망으로 변해 세계에서 가장 유명한 순례길 코스가 된 것이다.

800킬로미터는 부산에서 신의주까지의 거리다. 매년 약 27만 명이 이 길을 걷는다. 그런데 이 길을 완주하는 사람은 15퍼센트 정도라고 한다. 자전거를 타고 가기도 하고 말을 타고 가기도 하지만 대부분의 사람들은 이 길을 그저 걷는다. 천 년 전부터 전 세계에서 온 수많은 사람들이 이 길을 걷고 있다. 길의 풍경은 아름답기 그지없다. 얼마나 오래됐는지 가늠조차 할 수 없는 아름드리 나무가 빽빽한 숲, 코발트블루 하늘, 개구쟁이들이 손으로 빚은 듯한 그림 같은 뭉게구름, 하늘을 아름다운 핏빛으로 물들이는 일출과 일몰, 끝없이 펼쳐진 포도밭과 밀밭, 아무리 다가가도 더 멀어지기만 하는 지평선……. 이 아름다움을 쫓아 하루에 25~35킬로미터씩 7~9시간을 산티아고를 향해 끝없이 걷는 길이 바로 카미노 데 산티아고의 여정이다.

물론 카미노 데 산티아고에 아름다움만 있는 건 아니다. 중간에 이 길을 걷다가 죽은 사람들을 묻은 '순례자의 무덤'도 많다. 솔직히 아름다움보다 고행과 어려움이 훨씬 크다. 생각해보라. 800킬로미터를 걸어야 한다는 것만으로 이미 고통이다. 그래서 사람들은 이 길을 걸으면서 많은 생각을 하게 된다. 누구는 얻으려고, 누구는 버리려고, 누구는 찾으려고, 누구는 잊으려고, 누구는 보려고, 누구는 보지 않으려고 이 길을 걷는다. 그리고 '과연 이 길의 끝에는 답이 있을까?'라는 생각을 하면서 이 길을 걷는 것이다.

●여행스케치 2 다섯 명의 아름다운 동행, 800킬로미터 여정 길 스타트

나의 카미노 데 산티아고에는 다섯 명의 동행이 있었다. 죽고 싶을 만큼 고통스러운 상처를 씻고자 하는 신엄마(56세 가명) 씨, 사진가로서 인생 2막을 살고자 하는 박사진(34세 가명) 씨, 산티아고 800킬로미터 도전에 실패했다가 재도전에 나선 배요가(30세 가명) 씨, 산티아고 길을 먼저 가본 경험자로서 여행의 안내자 역할을 하고자 나선 작가(43세), 그리고 나 이렇게 다섯 명이다. 과연 나는 이 네 명의 인생들과 5개 주 100여 개 마을, 800킬로미터에 이르는 대장정을 성공할 수 있을 것인가! 직업도, 나이도, 성별도 하나같이 다른 이들과

출발— 목적지까지 790킬로미터 남았다

함께 말이다.

　　여정의 시작은 론세스바예스에서 시작되었다. 론세스바예스! 프랑
스와 스페인 국경 피레네 산맥에 위치한 도시다. 프랑스 전설의 영웅
롤랑이 떠오른다. 그리고 슬픈 롤랑의 노래! 이곳에서 사라센 군들
과 치열한 전투를 벌였다지! 하지만 우리가 론세스바예스에 온 까닭
은 카미노 데 산티아고를 여행하려면 소위 '순례자 여권'이란 게 있어
야 하기 때문. 론세스바예스에 순례자협회 사무소가 있다. 나는 이
순례자 여권이 마치 이 여행길에서 나를 증명해줄 유일한 주민증 같
은 느낌이 들었다. 순례자 여권을 펼치자 수많은 코스의 이름들이

나열된다. 그 코스마다 도장을 다 찍고 마지막 산티아고데콤포스텔라 도장까지 찍는 순간 완주증명서가 발급된다 한다. 우리가 이 도장을 받기 위해 여기 온 건 아닐 텐데……. 하지만 여기 규칙이라니 따를 수밖에!

다음으로 향한 곳은 알베르게! 알베르게란 순례자들의 숙소다. 그 날 밤, 설레는 내일의 여행을 희망하며 부드러운 침대에 긴장한 몸을 파묻고 단잠에 빠질 수 있었다.

다음 날, 동도 트기 전 잠에서 깨야 했다. 걷기 첫날부터 장장 22킬로미터를 걸어야 했으므로! 아침 식사는 빵과 커피가 전부! 커피는 못 마시고 빵은 싫어하는 체질인지라 벌써부터 걱정이 앞선다. 22킬로미터를 걸어야 했으므로! 한 시간에 4킬로미터를 걷는다 하면 불과 5~6시간이면 걸을 수 있는 거리다. 그리 생각하니 '뭐 별것 아니네.'라는 거만한(?) 생각도 잠시 피어올랐다.

●여행스케치 3 서로 알아가는 과정

구불구불한 우리나라 나무와 달리 죽죽 곧게 뻗은 이국적 나무들이 숲을 이룬 모습이 마음까지 시원하게 해준다. 그 숲길을 걸으며 이제 다섯 명의 서로 다른 이방인들은 조금씩 친구가 되어간다.

"한국으로 돌아가면 뭐 할 거야?"

배요가 씨가 네 살 위 오빠뻘인 박사진 씨에게 퉁명스레 말을 걸어본다. 박사진 씨! 그는 반복되는 직장생활의 굴레가 싫어 그 탈출구로 여행을 많이 다닌 사람. 꿈이 좋았고 현실이 싫었다고 한다. 그래서 여행에서 돌아오는 날이 그리도 힘들었다고!

"아직 정해진 건 없어. 돌아가면 열심히 찾아봐야지!"

그렇다! 박사진 씨는 지금 인생 2막을 준비하고 있는 청년이다. 이제 더 이상 직장인이 아닌 사진가로서의 삶을 꿈꾸며! 물론 그 길은 지금처럼 평탄한 길은 아닐 것이다. 아니, 과연 그 길을 제대로 갈 수 있을지도 미지수다.

"그럼 백수네, 백수!"

배요가 씨가 놀려댄다.

뭐든지 만남의 시작은 설레고 기대되는 법! 이번에는 외떨어진 신엄마 씨가 말을 건다.

"내 딸이 살아 있으면 올해 스물아홉이니 배요가 씨보다 한 살 적네!"

올해 서른인 배요가 씨를 보는 눈빛이 마치 딸을 보는 눈빛이다. 그만큼 애절하고 간절하다는 뜻이다. 그렇다. 신엄마 씨는 딸을 먼저 보낸 아픔을 간직한 여인이다. 이 여행을 통해 그 아픔을 씻고자 한다. 과연 그게 가능할 수 있을지? 멘토 역할을 맡은 나조차도 자신이 없다. 그만큼 그녀의 눈에 아린 슬픔의 기운이 나를 압도했기 때문이다.

아
름
다
운
눈
레
길

인생길 800킬로미터, 여정을 떠나다 → 51

안
개
속
의
마
을

아름다운 숲길

그림 같은 구름 속의 성당

기묘한 구름과 성당

드디어 첫 마을이 나타났다. 우리네 시골과는 사뭇 다른 느낌이다. 말끔하게 단장한 듯 하얀 벽과 붉은 지붕의 이층집들이 이국적이다. 부르게테! 헤밍웨이가 묵었던 부르게테 호스텔이 있어 유명한 마을이 되었다. 헤밍웨이는 이곳 호스텔이 머물면서 친구에게 보내는 편지에서 천국이라고 극찬했다 한다. 그의 극찬만큼이나 아름다운 마을이다. 훗날 헤밍웨이는 그의 첫 장편소설 《태양은 다시 떠오른다》를 쓸 때 이곳 부르게테의 추억을 그대로 담았을 만큼 부르게테를 사랑했다고!

나는 헤밍웨이가 묵었다는 집과 방과 침대를 보며 잠시 그의 생각에 빠져들었다. 그는 도대체 왜 이곳을 그토록 사랑했을까? 그의 사랑은 훗날 스페인 내전이 일어났을 때 4만 달러의 구호자금을 보내

헤밍웨이가 머물렀던 부르게테 호스텔

헤밍웨이길 안내판

는가 하면, 위험을 무릅쓰고 특파원으로 참전하여 스페인 내전의 참
상을 직접 보도하기도 하지 않았는가! 나도 헤밍웨이만큼 이곳을 사
랑할 수 있을까?

카미노 데 산티아고에는 암묵적 규칙이 하나 있다. 낯선 사람들도
반갑게 맞을 것! 그런데 로마에 가면 로마법을 따라야 하듯 카미노
데 산티아고에서 친절은 자연스런 법처럼 다가온다. 줄리라는 프랑
스 인을 만났다. 파란 눈의 그녀는 왜 혼자 이곳에 왔을까? 휴식을
갖고 싶었다고! 자신에 대해 생각할 시간을 갖고 싶었단다. 애들도
있었지만, 남편이 배려해주어 일주일 시간을 가질 수 있었다고……

그래서 이 여행에 몸을 던졌단다. 돌아가도 끝난 지점부터 다시 시작해 꼭 카미노 데 산티아고를 완주할 것이라 한다. 왜 그녀는 이토록 산티아고에 매달리는 걸까? 그러고 보니 나 역시 만만찮은 현실을 팽개치고 이곳에 왔으니 남 탓할 게 없다.

○여행스케치5 노란 화살표

다음 날, 우리는 여전히 23킬로미터를 걸어야 했다. 사실 단 하루 23킬로미터를 걸어야 한다면 별것 아니겠지만, 한 달 동안 걸어야 한다면 이야기가 다르다. 그 먼 여정 길에서 미래를 생각할 겨를이 없다. 당장 지금 한순간 한순간을 버텨내야 한다. 목이 타오른다. 그때 시원한 한 컵의 물만 떠오를 뿐이다. 그런데 그 물마저 마실 수 없을 끝없이 펼쳐진 자연을 걷노라면 언뜻언뜻 불안의 불청객이 찾아온다. 과연 나는 이 길을 다 걸을 수 있을까? 혹시 길을 잃어버리지는 않을까? 그럴 때 나의 마음을 가장 진정시켜주는 것이 있다. 바로 노란 화살표!

카미노 데 산티아고에는 어김없이 노란 화살표가 등장한다. 물론 순례자들이 올바른 길을 찾아갈 수 있도록 길 중간중간에 그려놓은 안내표시다. 1~2킬로미터도 아니고 장장 800킬로미터를 걷노라면 반드시 헷갈리는 길이 나타나게 마련이다. 조금만 사람들이 보이지 않으면 혹시 잘못된 길로 들어선 건 아닐까 불안이 엄습해오게 마련.

이때 저 멀리 노란색이 비친다면 그야말로 구세주를 만난 느낌이다.
그리고 달려가 노란 화살표를 확인한 순간에는 마치 엄마 품에 안긴
느낌!

노란 화살표

표지석 — 노란 화살표

인생길 스타트, 나침반 – 방향에 대하여

저는 처음 카미노 데 산티아고를 걸으며 이것이 마치 인생길 같다는 생각이 스쳤습니다. 왜 그랬는지는 잘 모릅니다. 그저 론세스바예스에서 순례자 여권을 받는 순간 느꼈던 생각입니다. 우리네 인생도 이와 비슷한 증명서를 받으면서 인생을 시작하지 않습니까.

재미있는 것은, 모두가 같은 인생길을 걷기 시작하는데 이상하게 각각의 사람들은 같은 사람이 단 한 명도 없다는 사실입니다. 당장 이번 여행을 온 사람들도 모두 다 다르지 않습니까? 인생도 마찬가집니다. 모두가 다 같이 인생길을 시작하지만 같은 사람은 단 한 사람도 없습니다. 그런데 이상하게도 우리는 획일적인 삶을 사는 것처럼 여겨지는 것은 왜일까요? 누구나 성공이라는 하나의 목표를 향해 달리는 것처럼 보입니다. 그래서 좋은 학교에 가려 하고 좋은 직장에 들어가려 하고, 거기서 살아남는 사람은 행복해하고 살아남지 못한 사람은 불행해합니다.

인생길은 하나지만 꿈은 다양하다

하지만 카미노 데 산티아고에서 느낀 것은 이래서는 안 된다는 생각이었습니다. 모두가 인생길이라는 세계에 태어났습니다. 그래서 모두가 이 인생길을 걸어가야 합니다. 하지만 각각의 개인이 이 길을 걷는 목적까지 모두 같아서는 안 됩니다. 각각의 꿈이 다르기 때문입니다. 누구는 자기 자신을 찾기 위해, 누구는 회복을 위해, 누구는 인생 2막을 위해, 누구는 도전을 위해 인생길을 걷는 것입니다. 그리고 이 인생길 위에서 그 꿈을 이룰 때 그는 비로소 행복할 수 있는 것입니다. 그런데 지금 우리 사회는 인생길을 시작하려는 사람들에게 너무 가혹합니다. 하나의 틀을 정해놓고 그 안에 들어오지 못한 사람은 패배자로 낙인찍어 버리니 말입니다.

그동안 저 역시 이런 사회의 인식에 동조해온 사람 중 하나였다는 생각이 들었습니다. 하지만 인생길은 절대 하나의 꿈으로 이루어질 수 없는 길임이 분명합니다. 다양한 사람들이 다양한 꿈으로 만들어가는 아름다운 길이 바로 인생길인 것입니다.

그런 면에서 지금 인생을 시작하려는 취업 준비생이나 사회 초년생들에게 꼭 꿈을 향해 나아가라는 말을 하고 싶습니다. 기성세대들이 만들어놓은 인생길의 성공 굴레에 절대 휘둘릴 필요 없다는 말을 해주고 싶습니다. 그저 자신의 꿈을 발견하고 그 꿈을 향해 나아가는 것이 인생길을 시작하는 당신이 행복해질 수 있는 최고의 비법인 것입니다.

그렇다면 왜 꿈이 다른 사람들에게 같은 인생길이 주어지는 것일까요? 이것은 카미노 데 산티아고의 노란 화살표에서 답을 찾을 수 있습니다. 카미노 데 산티아고에서 노란 화살표는 길을 잃지 않도록 해주는 역할을 합니다. 만약 노란 화살표를 벗어나 다른 길로 들어선다면 카미노 데 산티아고의 여정은 심각한 위기를 맞을 것입니다.

마찬가집니다. 각자 다른 꿈을 가지고 인생길을 걷고 있지만 만약 길을 잘못 들어선다면 그 꿈을 이루기는커녕 커다란 위험에 빠지고 말 것입니다. 그런 면에서 꿈을 이룰 수 있는 바탕을 안정적으로 제공하기 위해 인생길은 꼭 필요한 것입니다.

다음 그림을 보십시오.

고흐의 〈별이 빛나는 밤에〉라는 작품입니다. 마치 그림이 꿈틀꿈틀 살아 움직이는 것 같은 느낌이 들지요. 그래서 고흐의 작품은 명작으로 평가받는 것입니다. 그런데 만약 이 그림에서 배경은 없고 사람만 있다고 해보십시오. 과연 명작이 될 수 있을까요? 아무도 명작이라 말할 수 없을 것입니다. 우리의 인생길도 이에 비유할 수 있습니다. 그림의 배경이 인생길이라면 각각의 등장인물은 꿈꾸는 사람인 것입니다. 등장인물은 이 배경 속 어디에도 등장할 수 있습니다. 배를 타고 등장할 수도 있고, 두 명이나 세 명이 등장할 수도 있습니다. 각자의 서로 다른 꿈을 꾸는 사람은 이 배경 속에서 자신의 꿈을 안정되게 활짝 펼칠 수 있는 것입니다. 그래서 서로 다른 꿈을 꾸지만 이를 빛나게 해줄 하나의 인생길이 필요한 것입니다. 마치 하나의 카미노 데 산티아고에서 각자 서로 다른 꿈을 꾸며 그 길을 걷고 있는 사람들처럼 말입니다.

인생길에도 노란 화살표가 있었으면……

카미노 데 산티아고를 보면서 실제 인생길에서 노란 화살표가 있었으면 얼마나 좋을까 상상을 해보았습니다. 800킬로미터의 대장정을 걸으면서 노란 화살표는 그 어떤 안내자보다 더 멋진 역할을 해주었으니까요. 어쩌면 요즘 최고의 기술을 자랑하는 구글 맵보다 오히려 눈앞에 보이는 노란 화살표 하나가 더 훌륭한 나침반 역할을 해주었다고 할 수 있을 정도입니다. 그런 면에서 노란 화살표는 그것을 따르는 사람에게 미래에 대한 믿음과 희망을 심어줬다고 할 수 있습니다.

그렇다면 우리네 인생길에도 이런 노란 화살표가 있는 것일까요? 안타깝게도 카미노 데 산티아고처럼 눈에 보이는 노란 화살표는 없는 상황입니다. 하지만 노란 화살표와 비슷한 역할을 하는 것은 있습니다. 바로 멘토나 스승이 그것입니다. 그야말로 인간 노란 화살표인 것입니다. 멘토나 스승은 한 사람이 자신의 꿈을 이룰 수 있도록 이끌어주는 사람입니다. 물론 이때 멘토나 스승이 할 수 있는 역할은 카미노 데 산티아고처럼 그저 샛길로 빠지지 않도록 하는 역할과 올바른 방향으로 나아가게 하는 역할입니다. 결국 꿈을 이루는 주체는 자기 자신인 것입니다.

많은 사람들이 중도에 꿈을 포기하는 것을 봅니다. 그런데 이들은 꿈을 포기할 뿐만 아니라 인생길에서도 이탈하는 것을 볼 수 있습니다. 그런 사람들이라면 이제 인생길의 노란 화살표를 찾아보는 것이 반드시 필요하다 하겠습니다. 멘토를 찾으십시오. 또는 스승을 찾으십시오. 제가 꿈을 이루기 위해 반드시 해야 한다고 강조하는 것이 있습니다. 꿈을 이루고 싶다면 그 꿈을 가진 사람에게 가서 달라고 해야 한다는 것입니다. 그 꿈을 가진 사람이 바로 나의 멘토가 될 수 있을 것입니다. 이제 용기를 내어 그 멘토를 찾아 달려가십시오. 그리고 그의 품에 안긴 나의 꿈을 달라고 하십시오. 그러면 그는 나의 멘토가 되어 나의 인생길을 안내하고 그 꿈을 반드시 나에게로 돌려줄 것입니다.

04

↓

축제, 그리고 도적들의 다리 vs 삶의 물결에 휩쓸리면서 – 장애물에 대하여

🔖 여행스케치1　현대적 도시 팜플로나, 다른 세계, 다른 느낌

걷고 또 걷는다. 도대체 이 길은 언제 끝나는 걸까? 아! 다시 목이 탄다. 빨리 마을이 나왔으면 좋겠는데……. 그러나 끝도 없이 펼쳐진 길! 이제 그 아름다운 풍경마저 눈에 들어오지 않는 시간. 오직 오늘의 목적지만 바랄 뿐이다. 그러나 무정한 자연은 계속 나에게 마을 대신 산과 나무와 숲만 드러내 놓는다.

어제 본 부르게테가 다시 눈에 선하다. 조금 있으면 또다시 그런 마을이 나타나겠지? 아, 이것 땜에 헤밍웨이가 부르게테를 그리 사랑했단 말인가. 온갖 상념들이 머리를 꽉 채우는데도 여전히 마을은 오리무중이다.

아, 다리! 그리고 다리 건너 마을의 모습! 모두가 마음속 함성을

지른다. 저 아치만 건너면 마을이다. 사실 마을이 반가운 게 아니라 휴식이 반가운 게지. 저 다리만 건너면 오늘 걷기는 끝이다. 생각만 했는데도 이상하게 힘이 솟구친다. 좀 전까지 주저앉고 싶은 마음뿐이었는데.

아, 그런데 이건 또 뭔가? 마치 공간이동으로 다른 세계에 와 있는 느낌! 우리가 걷기 이틀째에 맞이한 도시 팜플로나는 그런 신비로운 이국적 느낌을 주기에 충분한 곳이었다. 스페인 북부에 위치한 인구 20만의 세련된 유럽풍 도시. 거리의 사람들 색깔이 다르고 표정이 다르다.

활기차고 세련된 도시 쥐 앞에 고개 숙인 후줄근하고 꾀죄죄한 시골 쥐의 모습이랄까, 오랜만에 도시에 휴가 나온 군인의 모습이랄까, 우린 위축되지 않을 수 없었다. 정말 이상한 일이었다. 우리도 분명 불과 3일 전 이보다 더 화려한 도시에 살던 사람들이었는데…… 사람이 얼마나 빨리 환경에 순응하는 존재인지 새삼 느낄 수 있는 순간이었다.

화려한 도시의 안락함이란 마음을 탁 놓게 하는 힘이 있나 보다. 그냥 지긋지긋한 고생 집어던지고 이 안락함에 몸을 던져버리고 싶다. 그래서 실제로 많은 순례자들이 이곳 팜플로나에서 며칠씩 묵었다 가기도 한단다.

에이, 나도 이곳에서 며칠 쉬어버릴까. 아차, 내가 이러면 안 되지. 나 혼자 하는 여행도 아닌데…… 쩝!

우리나라에서 볼 수 없는 거리의 악사가 바이올린을 켜는 모습! 자유분방해 보이는 거리의 남녀들! 이곳에서 뭔가 예술의 향기가 들린다. 아니나 다를까, 이곳 역시 헤밍웨이의 흔적이 가득하다. 술과 음악을 즐겼던 헤밍웨이는 마음이 답답할 때면 이곳 팜플로나로 와 여흥을 즐겼다 한다. 그것도 무려 10년 동안이나 빠지지 않고……. 그 정도로 헤밍웨이는 이상하리만치 스페인을 사랑했다. 헤밍웨이가 다녀갔다는 바에도 들러보았다. 그는 이곳에서 술도 마셨다 하니 헤밍웨이의 체취가 느껴지는 듯했다.

유명인이 다녀간 곳은 명소가 되게 마련! 결국 팜플로나는 헤밍웨이 때문에 유명해진 도시다. 팜플로나를 찾는 관광객들은 헤밍웨이 때문에 이곳을 찾는다. 그런 면에서 이곳의 산 페르민 축제 역시 헤밍웨이 때문에 유명해진 축제라 할 수 있을 것이다.

옛날 옛날에 팜플로나를 지키는 수호성인 산 페르민이 있었다고 한다. 산 페르민 축제는 바로 그 수호성인 산 페르민을 기리기 위해 열리는 축제다. 한여름 뙤약볕 강할 때인 7월에 일주일 정도 열리는데 이 축제에서 가장 유명한 장면은 바로 소몰이다. 소몰이는 스페인의 유명한 투우와 함께 수백 명의 사람들이 뒤엉켜 투우장까지 800여 미터를 달리는 경기다. 왜 이런 이상한 짓을 하는지 이해가 되지 않지만, 어쨌든 스릴을 만끽하기에 충분한 장면이긴 하다. 놀라운 것은 헤밍웨이 역시 이 소몰이 축제에 참가했다는 것! 도대체 헤

팜플로나에 있는 헤밍웨이 석상 앞에서

밍웨이의 광기는 어디까지인지 궁금할 지경이다. 아마도 그는 이런 격렬한 경험에서 체득한 뭔가를 이용하여 예술적 작품으로 승화했을 것이 분명하다. 그런 면에서 그의 예술적 광기가 한편 부럽기도 하다. 실제 《태양은 다시 떠오른다》에서 팜플로나 역시 중요한 배경으로 등장하고 있다.

아쉽게도 우린 10월에 이곳을 방문했기에 산 페르민 축제를 볼 수 없었다. 대신, 갈리시아 해산물 음식 박람회가 열리고 있었는데 이때 스페인식 볶음밥 '파에야'의 맛을 볼 수 있었다. 파에야는 스페인의 대표 음식으로 각종 해산물을 곁들인 우리나라 볶음밥처럼 생겼는데 색깔이 노란 것이 특징이다. 그것은 사프란이라는 향료를 쓰기 때문이라 한다. 빵에 물려 쌀을 고대하고 고대했던 나인지라 오랜만에 정말 맛있게 싹싹 긁어먹었다. 게다가 음식 후에는 스페인 갈리시아 지방 전통음악 연주까지! 정말이지 이곳에 안주하고픈 유혹이 강렬히 든 순간이 아닐 수 없었다. 하지만 내일이면 또 길을 가야지! 암! 오늘 파에야 먹은 밥값은 해야지! 산티아고데콤포스텔라를 향해서!

◉ 여행스케치 3 앗, 도적들의 다리, 그리고 순교자들의 돌무덤

다음 날, 다시 3일째 여정이 시작되었다. 오늘도 20여 킬로미터를 걸어야 한다. 그런데 이날은 카미노 데 산티아고가 얼마나 대단한 역사를 가진 길인지 깨닫는 날이기도 했다. '도적들의 다리'가 나타났다. 그때까지 혹시 길을 잃을까 봐 걱정하는 것 외에는 다른 걱정이 없었는데 카미노 데 산티아고에도 도적이 있다니, 믿을 수 없다.

카미노 데 산티아고는 중세시대부터 수도자들의 순례길이었다고 한다. 그런데 당시 순례자들은 이 순례길에서 강도를 만나기도 하고 야생 늑대를 만나기도 했다는 것이다. 이 다리가 도적들의 다리가 된 것은, 바로 강도들이 이 다리 곁에 숨어 있다가 순례자가 지나가면 달려들어 가진 것을 다 빼앗았기 때문! 그래서 이 다리가 도적들의 다리가 되었다는 것이다. 순간 그 옛날 고행 길을 걷는 순례자의 모습이 연상되었다.

얼마를 더 가니 더 슬픈 장면이 이어졌다. 이번에는 돌을 쌓아놓은 돌무덤과 십자가 모양의 비석, 묘비 등의 모습이 펼쳐진 것! 순례 도중에 생을 마감한 순교자들의 각종 돌무덤이다. 결국, 도적의 다리에서 주머니를 털린 순례자들은 이곳에서 생을 마감했던 것이다. 순간 다시 한 번 카미노 데 산티아고의 의미를 생각해보지 않을 수 없었다. 그들은 왜 죽음까지 불사하고 이곳을 걸었을까? 아니, 이곳에 죽음이 도사리고 있었다는 사실을 알기는 한 것일까? 갑자기 카미노 데 산티아고가 커다란 무게로 다가오기 시작한다.

　이곳을 지나는 사람들은 돌을 올려놓으며 저세상으로 간 순례자들의 명복을 빈다. 그래서 돌무덤이 생긴 것이다. 바로 그때다! 갑자기 신엄마 씨의 행동이 이상하다. 갑자기 한 순교자의 무덤 앞으로 가더니 풀썩 주저앉는다. 그리고 무덤 앞에 놓인 백인 소녀의 사진을 보더니 흐느껴 운다. 아! 여기서 오래 지체하는 게 아닌데……. 후회가 밀려왔으나 이미 때는 늦었다. 이미 그녀의 가슴속 응어리진 딸의 슬픈 눈물이 그녀의 가슴을 다 적셔버린 뒤다.

도적들의 다리

순례자의 무덤

신엄마 씨. 그녀의 딸은 왜 엄마보다 먼저 저세상으로 가버렸을까? 거기엔 비극적 사연이 숨어 있다. 끔찍한 사건으로 딸을 먼저 보내야 했던 비극적 사연.

그녀가 나에게 보여준 사진 속에는 해맑은 웃음의 소녀가 환히 웃고 있었다. 귀엽게 인형을 안고 있는 모습, 살갑게 웃어 보이는 모습은 사랑스럽기 그지없는 성숙한 소녀의 모습 그대로였다. 그런데 왜 그런 소녀가 죽어야 했단 말인가! 신엄마 씨의 얼굴은 이제 참을 수 없다는 듯 일그러지며 눈물이 가득 고이고 만다. 떨리는 슬픈 목소리가 가슴을 찢는 것만 같다. 모두가 숙연해졌다. 사진 속 그 소녀는 스물다섯의 나이에 멈춰 있다. 도대체 스물다섯 그 꽃다운 나이에 무슨 일이 있었기에! 지금 살아 있다면 스물아홉이라는데……. 5년 전 딸에게 무슨 일이 있었단 말인가.

이제 그녀는 눈물로 얼굴을 뒤덮고 통곡에 통곡을 쏟아놓는다. 아! 이렇게 계속 길을 걸을 수 있을까 의문이 드는 순간 "왜 그렇게 죽였는지 모르겠어요!"라며 그녀가 외쳤다. 그녀의 예쁜 딸은…… 누군가의 손에 의해…… 처참한 죽음을 당했던 것이다. 몹쓸 세상!

삶의 물결에 휩쓸리면서 – 장애물에 대하여

🍒

인생길은 삶의 시작 후 얼마 지나지 않아 문제에 부닥치기 시작합니다. 새로운 마음으로 힘차게 시작했건만, 초반부터 문제는 터지기 시작합니다. 꿈을 이루기 위해, 행복해지기 위해 인생길을 내디뎠건만 온갖 장애물이 득실거리기 시작합니다.

왜 내 앞에 이런 걸림돌이 생기는 걸까? 왜 내 앞에 이런 장애물이 생기는 걸까? 원망해보지만 걸림돌과 장애물은 쉬 없어지지 않습니다. 혼란스럽습니다. 분노가 치밀어 오릅니다. 상처가 온 마음을 붉게 물들입니다. 그런데 인정해야 할 것은, 이것이 인생길에서 늘 벌어지는 일이란 사실입니다. 인생길 바깥이 아니라 인생길 안에서 일어나는 일이란 사실입니다. 카미노 데 산티아고에서도 길 바깥이 아니라 길 안에 도적의 다리가 있고 순교자의 돌무덤이 있었던 것처럼 말입니다.

인생길에서 어려움은 필연이다

혹시 인생길에서 전혀 아무런 어려움 없이 산 사람이 있다면 저에게 알려주십시오. 지금까지 인류문명의 역사가 오륙천 년 이어오는데 그동안 수백, 수천억 명의 사람들이 살았는데 그중 어려움 없이 산 사람은 단 한 명도 없습니다. 왜냐하면 인생길에서 어려움은 필연이기 때문입니다. 그것을 인생길 초반에 만나는 사람도 있을 것이요, 인생길 중반에 만나는 사람, 후반에 만나는 사람도 있을 것입니다. 언제 만날지 모르나 어려움을 꼭 겪을 수밖에 없습니다. 그런데 사람들은 이 사실을 받아들이기 어려워합니다. 고통이 너무 힘들기 때문입니다. 오죽하면 어려움 없는 만사형통을 최고의 복으로 치겠습니까.

그럼에도 어려움에 대하여 연구하지 않을 수 없습니다. 왜냐하면 이게 피할 수 없는 숙명이라면 차라리 대처하는 방법이라도 알아두어야 하기 때문입니다. 저 역시 죽고 싶을 만큼 어려움의 고통을 느껴본 적이 있기에 하는 이야기입니다. 물론 신엄마 씨와 같은 경우는 또 다른 별개의 문제겠지만, 어쨌든 희망 강의를 하는 저로서는 어려움 대처법을 고민하지 않을 수 없습니다.

만약 어려움을 무방비 상태로 받아들일 때 어떻게 되는지 살펴보겠습니다. 어려움은 내가 가던 길을 가로막는 어떤 사건이 터지는 순간부터 생기게 됩니다. 즉, 내가 가던 길에 벽이 가로놓이면서 어려움이 시작되는 것입니다.

내 앞에 벽이 놓였을 때 처음 내가 겪는 상황은 바로 '혼란'입니다. '왜 나에게 이런 일이 생겼지?'라는 부정적 생각이 들거나 아니면 아예 아무런 생각도 나지 않을 정도로 벌벌 가슴이 떨리게 됩니다. 혼란 다음으로 생기는 감정은 '분노'입니다. 분노는 내 욕심대로 되지 않은 것에 대한 반작용으로 나타나는 본능적 감정 폭발입니다. 분노는 맹독을 가지고 있기 때문에 이제 상대에게 맹독을 발사하게 됩니다. 상대와의 관계는 극으로 치닫고 다음으로 관계가 깨지는 상황까지로 이어질 수 있습니다. 즉, 분노의 다음 과정은 깊은 우울증이나 상심 등으로 파멸에 이르게 하는 것입니다. 이것을 어려움이라는 단어로 표현하였습니다. 이 과정을 정리하면 다음과 같습니다.

어려움; 벽 – 혼란 – 분노 – 우울증 또는 상심

그렇다면 이 과정에서 어려움을 이기는 방법은 없을까요? '지피지기 백전불패'라는 말처럼 적을 알고 나를 알면 적과의 싸움에서 지지 않는 법입니다. 그렇다면 어려움의 본질이 무엇인지부터 알아야겠습니다. 인간에게 왜 어려움이 올까요?

다음 그림을 보십시오.

그림처럼 어려움은 우리 앞에 놓인 돌과 같습니다. 그런데 이 돌이 넘지 못할 돌이라면 이 돌은 걸림돌이 될 것입니다. 하지만 이 돌을 딛고 올라서는 기술만 있다면 이 돌은 도리어 디딤돌로 사용할 수 있을 것입니다.

어려움은 이와 같은 것입니다. 즉, 사용하는 사람의 기술에 따라 걸림돌이 될 수도 있고 디딤돌이 될 수도 있는 게 바로 어려움의 본질이라는 것입니다. 즉, 어려움은 그저 한 인간을 파멸로 몰아넣으러 오는 괴물 같은 게 아니란 이야기입니다.

어려움을 뛰어넘을 방법을 연구해야 한다

최초의 어려움은 결국 자신의 약한 행동의 결과로 오는 것입니다. 도적들의 다리에서 순례자가 이를 예측하지 못하고 준비하지 못했기에 당할 수밖에 없었던 것입니다. 만약 예측하고 미리 준비했다면 그렇게 쉽사리 당하지는 않았을 것입니다. 혹 당했다 하더라도 충격이 크지는 않을 것이며 다른 방도를 미리 준비해뒀을 것입니다. 이처럼 어려움을 이기는 첫 번째 방법은 자신이 왜 이런 어려움을 당했는지 이유를 알아내는 것입니다. 이것은 대부분 자신의 약점에서 나타나게 됩니다.

다음으로 이제 그 어려움을 받아들이는 자세가 필요합니다. 저는 이것을 인정이라고 합니다. 앞에서도 이야기했듯이 지금까지 살아온 모든 사람에게 어려움은 닥쳤던 것이기에 이제 나에게 닥친 어려움도 당연하게 인정해야 한다는 것입니다. 그것은 나의 약함에서 비롯된 것이니까요. 종교에서는 이 인정(받아들임)을 수도의 중요한 요소로 생각합니다. 왜냐하면 인정만 할 수 있다면 다음으로 긍정적인 마인드가 자연스럽게 생기기 때문입니다. 생각해보세요. 지금 나에게 닥친 어려움을 인정한다면 더 이상 어려움에 대해 부정할 것이 없어져버리지 않겠습니까.

이렇게 발현된 긍정 마인드는 이제 놀라운 힘을 발휘합니다. 앞에서 이야기한 어려움이 가져오는 벽 – 혼란 – 분노 – 우울증 또는 상심의 고리를 끊어버리기 때문입니다. 긍정 에너지가 강하다면 이미 벽 – 혼란 과정에서 끊어버릴 수도 있을 것이며 벽 – 혼란 – 분노의 과정에서 끊어버릴 수도 있을 것입니다. 때로는 벽 – 혼란 – 분노 – 우울증 또는 상심의 마지막 과정에서 끊어버릴 수도 있습니다. 이제 이렇게 어려움의 고리를 끊어버리면 어려움은 더 이상 벽으로 작용할 힘을 잃고 맙니다. 이렇게 어려움을 이길 수 있게 되는 것입니다.

만약 어려움을 받아들이고 그것을 단지 극복하는 수준이 아니라 디딤돌로 삼을 수 있는 단계까지 갔다면 그는 이미 전보다 더 강한 사람이 되어 있음을 뜻합니다. 즉, 자신에게 어려움이 오게 했던 약점을 극복했거나 극복할 가능성이 있음을 뜻한다는 이야기입니다. 이를 우리 속담에 비 온 뒤에 땅이 굳는다는 말로 표현합니다. 이것은 만약 어려움이 없었다면 일어날 수 없는 일로 어려움의 진짜 본질이 무엇인지 알려주는 대목입니다. 즉, 원래 어려움이란 그를 실족시키기 위해 오는 것이 아니라 그를 더 강하게 만들어주기 위해 오는 존재라는 이야기입니다.

05

↓

용서의 고개, 그리고 왕비의 다리 vs
차오르는 분노, 그리고 위로 – 용서에 대하여

충격적인 이야기

피곤의 무게가 알베르게의 침대 다리마저 부서뜨릴 기세로 짓누른다. 신엄마 씨 생각에 잠이란 녀석이 달아나버린다. 창밖을 두드리는 울음소리! 왜 내 귀에 그 빗소리가 울음소리처럼 들렸을까!

자는 둥 마는 둥 일어났지만 오늘도 걷기를 포기할 수 없는 날! 우리는 그렇게 무거운 몸을 이끌고 다시 순례의 길을 떠났다. 지금까지 겪어보지 못한 무거움이 짓누른다. 오늘 우리 앞에 '용서의 고개'가 기다리고 있기 때문이다.

과연 신엄마 씨는 용서할 수 있을까? 제길, 그러는 나는 그자를 용서했는가 하면 절대 그렇지 못하다. 나 역시 나를 자살로 몰 만큼 상처 주었던 그자가 있다. 그리고 그자를 용서하지 못하고 있다. 그런데 신엄마씨는 나보다 수십 배, 아니 수백 배 더 고통을 준 그놈을 어떻게 용서할 수 있단 말인가!

용서의 고개를 향해 걸으면서, 나는 충격적인 이야기를 들어야 했다. 바로 신엄마 씨 딸의 죽음에 관한 이야기! 차라리 듣지 않았으면 좋았을 것을! 그녀의 딸은 중국에서 무참히 살해당했다 한다. 그것도 한국인 강도의 손에 의해! 무슨 원한이 있어서가 아니라 그까짓 돈 몇 푼 때문에! 어떻게 서로 감싸줘도 모자랄 타국에서 동포를 무참히 살해할 수 있단 말인가! 나는 하늘을 보며 한숨짓지 않을 수 없었다. 더욱이 신엄마 씨의 저주 서린 말은 내 가슴마저 섬뜩하게 만들었다.

"교수님, 내 손으로 죽이고 싶어요, 내 손으로 죽이고 싶어……."

용서의 고개, 가파른 해발 800미터 고지를 너무 힘들게 올라야 하기에 이곳을 용서의 고개라 부른다. 게다가 우리는 여전히 추적추적 내리는 비에 진흙탕 길을 올라야 해서 몇 배 더 힘들 수밖에 없다. 과연 우리는 이 길을 오르는 동안 누구를 용서할 수 있을까? 단 한 사람이라도!

나는 신엄마 씨를 힐긋힐긋거리며 용서의 고개를 오르기 시작했다. 그녀의 표정이 여전히 어둡고 무서웠기 때문이다. 그러니 나머지 사람들이야 더 말할 나위 없다. 모두가 어렵게, 힘들게 용서의 고개를 올랐다. 아무도 말하지 않은 채 그저 묵묵히 용서의 고개를 무겁게 디디고 또 디뎠다.

용서의 고개 정상에서

드디어 용서의 고개 정상에 올랐을 때 의외의 광경이 펼쳐졌다. 그곳에 순례자들의 모습을 형상화한 조형물이 쫙 펼쳐져 있었기 때문이다. 사람들은 그 조형물 앞에서 기념사진을 찍기에 바쁘다.

하지만 그 순간 우리는 제작진의 어려운 요청을 받아야 했다. 용서의 고개를 오르면서 누구를 용서했는지 말해달라는 게 아닌가. 아! 나는 나보다 신엄마 씨를 먼저 떠올렸다. 과연 그녀는 무슨 말을 할까?

나는 가파른 용서의 고개를 오르면서 여전히 용서하지 못하는 나를 발견했다. 하지만 용서하지 못할 뿐 내게 분노가 남아 있지는 않았다. 힘들게 오르면서 도리어 마음이 겸손해졌고, 그 순간 역지사지가 떠올랐다. 혹시 나도 잘못된 행동으로, 잘못된 말로 누군가에게 상처 주지 않았을까, 하는 생각!

몇몇 사람들의 얼굴이 스쳤다. 나는 누구를 용서하기보다 도리어 그들에게 용서를 빌었다.

배요가 씨의 말은 저절로 고개를 끄덕이게 했다.

"올라오는 길이 되게 진흙길이었거든요. 그래서 걸을 때마다 진흙이 발에 붙어서 땅바닥에서 끈적끈적하게 떨어지지 않는 거예요. 그래서 그런 느낌이 들더라구요. 용서를 했다고 생각해도 기억이 남아서 아직 발바닥에 붙어 있는 진흙 같구나, 하는 생각……"

그렇다. 어쩌면 인간은 용서할 수 없는 존재인지 모른다. 발바닥의 진흙처럼…….

박사진 씨는 가장 용서할 수 없는 사람이 자기 자신이라 했다. 얼마나 자신이 싫었으면 저런 말을 할까? 그러나 우리 주변에 박사진 씨처럼 자신을 용서하지 못하는 사람이 부지기수다. 그만큼 자존심이 무너져 있고 자존감이 땅에 떨어져 있는 사람이 많기 때문이다. 바로 그때다. 박사진 씨가 절망 끝에 희망 섞인 말을 내뱉었다.

"주변의 이런 고마움을 느낄 줄 아는 게 나를 제대로 보고 나를 용서할 수 있는 계기, 시작이 되지 않을까……."

다행이다 싶었다. 그의 말끝에 조금이라도 희망의 빛이 비쳤으니…….

다음은 신엄마 씨 차례였으나, 예상대로 그녀는 인터뷰를 피했다. 생각할 시간을 달라 했다. 도대체 그녀에게 이것은 고문이지 않은가! 나는 조금 잔인하다는 생각까지 했다. 결국 그녀는 오랜 망설임 끝에 이런 말을 내놓았다.

"사실 저는 이 고개를 올라오면서 정말 고통스러웠어요. 제가 누구를 용서할 자격은 없지만 정말 용서 못 할 사람은 있어요. 저는 용서 못 합니다. 그거는 제가 딸의 엄마이기 때문에 절대 용서하지 못합니다."

그렇다면 그녀는 왜 이 고행의 길을 걷고 있을까? 그녀는 이 길을 걸으면 용서가 될 줄 알았기 때문이라 한다. 그런데 안 된다고 했다. 그녀의 용서는 이토록 무섭고 힘든 것일까?

끝없이 펼쳐지는 해바라기 밭

용서의 고개 조형물

용서의 고개에 선 순례자

용서의 고개에서 내려다본 풍경

푸엔테라레이나라는 마을을 지났다. 일명 왕비의 다리라는 이름! 왜 이런 이름을 붙였을까? 그 마을에는 역시 멋스러운 중세시대 풍의 다리가 있었다. 이 다리가 바로 왕비의 다리인 것이다. 11세기 무렵, 이곳의 하천은 지금과 달리 물살이 매우 거셌다고 한다. 순례자들이 강을 건너다 휩쓸려 가버릴 정도로! 산티아고데콤포스텔라를 보지도 못하고 쓸쓸히 순교한 그들의 넋을 기리기 위해 당시 왕비는 이곳에 다리를 세운다. 그 다리가 바로 왕비의 다리, 푸엔테라레이나였던 것이다.

왜 지금 이 다리가 우리 앞에 나타났을까? 나는 곰곰이 생각해봤다. 그때 강물에 휩쓸려 간 순례자들도 억울한 죽음이었지 않나. 그런데 왕비의 도움으로 이제 적어도 강물에 휩쓸려 죽는 순례자는 없을 것이다. 그래! 지금 신엄마 씨에게 필요한 것은 도움, 도움이다. 내가 그 역할을 할 수 있을까? 하지만 자신이 없다. 나도 용서 못 한 사람이 있는데……

나는 신엄마 씨 옆에 바짝 붙어 걸었다. 일단 들어주자는 생각뿐이었다. 다행히 그녀는 마음을 쏟아내 놓기 시작했다.

"자살을 생각해보지 않은 게 아니에요. 그때 딸이 중국에서 일 당하고 중국 갔을 때 딸을 보고 나서 그 다음 날 죽을까 생각했었어요."

왜 그러지 않았겠는가? 나도 그 증오 때문에, 절망 때문에 죽으려

했는데. 그날 저녁, 나는 그녀를 위한 특단의 강의를 해야겠다고 마음먹었다. 모든 출연자와 제작진을 모아놓고 조금이라도 그녀의 마음을 돌려놓기 위해! 도대체 무슨 내용을 전해야 할까? 나는 고민했고 결국 내려놓음에 대한 내용을 선택했다.

"딸을 진정으로 사랑하려면 증오를 내려놔야 합니다. 범인을 용서하라는 얘기는 아닙니다. 마음에서 내려놓으라는 말입니다. 그때 내 딸아이가 비로소 내 가슴에 들어와 편안히 쉴 수 있는 것입니다. 절대로 용서할 수 없으나 내려놔보는 겁니다."

그날 분위기는 너무 무겁고 숙연했다. 그래서 느낌이 썩 맑지가 않았다. 신엄마 씨는 머리로는 알겠는데 가슴이 움직이지 않는다고 했다. 그래서 그런지 그녀는 그날 밤 새벽까지 잠을 이루지 못했다.

●여행스케치 4 사람에게 받은 상처, 사람이 풀 수밖에

아무리 어둠이 깊고 캄캄해도 새벽은 오게 마련! 다음 날 아침이 밝았다. 우리는 오늘도 변함없이 오늘 우리에게 주어진 길을 걸어야 한다. 이것이 카미노 데 산티아고의 변하지 않는 진리이다.

아침부터 신엄마 씨의 눈이 퀭하다. 어젯밤 제대로 자지 못한 흔적의 산물이다. 만 명 앞에서도 감동이었던 내 명강의가 유독 그녀 앞에서는 통하지 않은 것 같다. 그녀는 어젯밤 나풀거리는 모닥불 앞에서 눈물로 고백했다.

"내려놔야 한다고 생각은 하는데…… 그게…… 잘 안 되네요."

아! 그때 나는 정말 오랜만에 '한계'를 실감해야 했다. 어떻게 그녀를 위로할 수 있을까?

작전을 바꿨다. 이럴 땐 백 마디 말보다 한 번의 절실한 도움이 필요한 법! 푹 잤어도 힘들었을 그녀의 발걸음이 점점 느려지기 시작했다. 점점 그녀는 뒤처졌고 거의 한계에 다다른 듯 지쳐 보였다. 포기하려는 눈빛이 역력했다. 그런 그녀를 가만히 바라보고만 있을 수는 없었다. 나는 그녀에게 다가가 등을 토닥여주기도 하고 등 뒤를 밀어주며 그녀의 고통에 함께하려 애썼다.

그러자 그녀가 울부짖는다. 아니, 웃는다. 드디어 반응을 보인 것이다. 역시 사랑은 말이 아닌 행동으로 하는 것이란 평범한 진리를 깨닫는 순간이다. 그녀가 웃자 나도 힘이 났다. 신이 나 또 그녀를 기쁘게 해줄 게 없나 찾았다. 그래! 그녀에겐 딸만 있는 게 아니었다. 아들도 있었다. 그 아들에게 먼 한국으로 문자를 보냈다.

잘 지내시죠?
신 여사님과 스페인 촬영 중인
송진구 교수입니다.
어머님께서 별일 없나
궁금해하시네요^^

설마 했는데 바로 답장이 왔다.

네 안녕하세요.
일하면서 지금까지 열 시 전에
퇴근한 적이 없네요.
저희 엄마 건강히 잘하고 있죠?
많이 힘들어 하시나요?

　나는 마치 내 일처럼 기뻐 날뛰며 신엄마 씨에게 아들의 글을 보여
줬다. 그때 신엄마 씨의 미소란! 그래 바로. 저거야. 저게 인간의 순수
한 모습이고 사랑이야! 내가 설레는 마음으로 그녀의 답장을 또박또
박 적어 아들에게 보내줬다.

엄마 건강하게 잘하고 갈게.
믿고 있다. 아들!
사랑해!

여행스케치 5 오바노스 마을에서의 반전과 마네루에서의 감사 카드

　드디어 신엄마 씨가 밝은 모습을 회복했다. 사실 그녀는 아픔을
빼면 우리 팀의 분위기 메이커 역할을 하던 기둥이었다. 그녀는 파
이팅을 외쳤다.
　"기왕 왔으면 끝까지 가야죠. 마드리드까지 갑니다. 끝까지 갑니
다!"

우리 팀의 분위기가 단숨에 바뀌는 순간이었다. 아! 체력이란 단지 육체의 체력만 있는 게 아니라 정신의 체력도 있다는 사실을 새롭게 깨달았다. 좀 전에 다 죽어가던 그녀가 이렇게 살아날 수 있다니!

분위기는 이어지는 법인가! 그렇게 우리를 맞이한 곳은 광장이 있고 교회가 있는, 작지만 예쁜 오바노스 마을이었다. 우리는 기분 좋게 저렴한 가격에 근사한 숙소를 얻을 수 있었다. 항상 단체 방이었는데 개인 방이라니! 그뿐이 아니었다. 저녁엔 고기 파티까지……. 목구멍까지 올라온 비명을 참아야 할 지경이었다. 알고 보니 오바노스 마을은 중세부터 이어져온 역사 깊은 마을로, 순례자를 대접하는 전통이 남아 있는 곳! 그래서 우리가 이런 근사한 호사를 대접받을 수 있었던 것이다.

먼 이국 땅에서 맛보는 삼겹살에 와인이라! 웃음꽃이 만발할 수밖에 없는 이브닝 파티였다. 이로써 분위기는 완전히 반전되었다.

좋은 분위기는 계속 이어졌다. 다음 날은, 걷고 있던 중간에 마을을 만났다. 마네루! 그런데 우리는 이곳에서 예기치 않은 경험을 하게 된다. 마을의 작은 축제에서 노래가 연주되고 있었던 것. 그 노래의 제목은 오로라! 십자군 전쟁 당시 로사리오 성모축일을 기념하기 위한 노래라 한다. 우리는 그 노래와 연주를 그냥 들어주었을 뿐인데 연주자 중 마침 생일을 맞은 할아버지가 우리를 자기 집에 식사 초대하겠다며 우긴다. 이럴 때 거절은 어리석은 짓! 우리는 그 할아버지의 근사한 식사 대접과 더불어 와인까지 선물로 받았다. 도대체

와인을 선물 받고
감동하는 순례자

이 은혜를 무엇으로 보답할까 고민하다가 감사 카드를 쓰기로 했다.
정말 따뜻하고 유쾌한 기분이었다.

근사한 인심처럼 이 마을은 집집마다 포도가 주렁주렁하다. 집주
인들은 순례자들이 그 포도를 따먹어도 아무 말 하지 않는다. 아니,
담장 너머까지 손 내민 포도는 순례자를 대접하는 근사한 선물이었
다. 나는 그 포도를 따 신엄마 씨에게 건넸다. 포도 맛이 일품이라
한다. 이곳에서 물처럼 마시는 와인이 바로 이 포도로 만든 것이다.

끊임없이 가야하는 순례길

　받는 것은 언제나 즐거운 법! 하지만 카미노 데 산티아고에서는 받는 것보다 더 큰 즐거움이 도사린다. 바로 주는 즐거움이다. 더욱이 힘든 여정에서 주고 나면 내 짐이 가벼워지니 주는 즐거움은 두 배의 기쁨이기도 하다. 길 위에서 한 미국인 신혼부부를 만났다. 아이 갖기 전 마지막으로 모험을 즐기고 싶어 이 길을 나섰다고 한다. 우리는 유쾌한 마음으로 이 젊은 신혼부부에게 할아버지로부터 받은 와인을 대접했다! 그가 하는 말, 걸어오면서 와인이 무척 마시고 싶었단다. 그 필요를 알지도 못하는 우리가 채워준 것이다. 그는 와인 한 잔을 들이켜며 앞으로 2~3킬로미터는 쭉 갈 수 있을 거라 기뻐한다. 그 말을 듣는 나도 4~5킬로미터는 쭉 갈 수 있을 듯하다. 기쁨 두 배의 마음으로!

차오르는 분노, 그리고 위로 – 용서에 대하여

❧

카미노 데 산티아고에 나선 우리들처럼, 뭔가 기대를 품으며 인생 길을 시작한 사람들은, 그러나 세찬 삶의 물결에 이리저리 휘둘리 면서 서서히 분노가 차오르기 시작합니다. 그리고 그때그때 해결하 지 못한 분노는 이제 가슴에 응어리로 쌓여 상처로 고스란히 남습 니다. 우리나라 사람들은 이것을 '한'이라 부르기도 하지요.

앞에서 인생길 앞에 갑자기 닥친 어려움을 해결하는 방법을 이 야기했지만, 이미 응어리진 한을 해결하기란 쉽지 않습니다. 이때 필요한 것이 무엇일까요? 용서일까요? 아니면 다른 무엇이 또 있을 까요?

인간은 스스로 용서할 수 있는 존재일까

저는 신엄마 씨의 아픔을 보면서 과연 인간은 스스로를 용서할 수 있는 존재일까를 생각해봤습니다. 그것은 배요가 씨의 말을 들 으며, 박사진 씨의 말을 들으며 더욱 깊어졌습니다. 우리는 세상에 서 누구는 누구를 용서했다는 말을 종종 듣곤 합니다. 그런데 그 용서가 정말 용서일까요? 배요가 씨의 말처럼, 나는 용서했다고 생 각했는데 발에 덕지덕지 묻어 잘 떨어지지 않는 진흙처럼 응어리는 여전히 남아 있는 게 아닐까요?

언젠가 용서에 관한 KBS 다큐멘터리를 보고 감동한 적이 있었습니다. 그것은 실로 충격적인 이야기였습니다. 바로 한때 세상을 공포로 몰아넣었던 연쇄살인범 유영철에게 처절한 원한이 맺힌 한 남자의 이야기였기 때문입니다. 그 남자는 어느 날 집에 와보니 자신의 어머니와 아내, 그리고 딸까지 난자한 모습을 보게 됩니다. 연쇄살인마 유영철이 다녀간 것입니다. 아! 어머니만 잃어도, 아내만 잃어도, 아니 딸만 잃어도 세상이 무너질 것 같을 텐데…… 이 남자는 그 어머니와 아내, 딸을 한꺼번에 다 잃은 것입니다. 그때 그 남자의 슬픔과 분노의 크기가 어떨지는 그 남자 말고는 아무도 알 수 없을 만큼 대단했을 것입니다. 그런데! 그런데 그 남자가 TV 화면에 나와 자신은 유영철을 용서했다는 이야기를 합니다. 혹시 설정이 아닌가 의심하며 그 남자의 표정을 유심히 살폈지만 그건 분명 사실이었습니다. 어떻게 이것이 가능할 수 있을까요?

얼마 전, 크림빵 뺑소니 사건이 또 한 번 세상을 떠들썩하게 했습니다. 새벽녘, 임신 중이던 아내가 크림 케이크가 먹고 싶다고 해서 남편이 그걸 사러 나갑니다. 하지만 가난했던 남편은 크림 케이크 대신 크림빵을 사서 돌아오다가 뺑소니 사고로 목숨을 잃은 것입니다. 그 많은 뺑소니 사건이 있음에도 유독 크림빵 뺑소니 사건이 주목받은 이유는, 이 부부의 애절한 사연과 남편 아버지의 행동 때문이었습니다. 이 사건에 분개한 네티즌의 추적으로 결국 범인은 자수하기에 이릅니다. 이때 남편의 아버지는 범인에게 자수해주어 고맙다며 용서한다고 선언했습니다. 그런데 자수한 범인은 술에 취해 그랬다며 변명을 늘어놓기에 바쁩니다. 이에 분개한 남편의 아버지는 다시 용서를 철회하기에 이릅니다.

저는 처음 남편의 아버지가 용서한다고 했을 때, '참 대단한 분이구나' 하고 생각했습니다. 그리고 범인의 변명에 분개하여 용서를 철회한다고 했을 때, 나약한 인간의 한계 같은 것을 느꼈습니다. 아마 다른 사람도 저와 다르지 않을 것입니다. 그런 면에서 유영철에게 당한 남자는 정말 대단하다 하지 않을 수 없었습니다. 물론 그가 종교의 힘을 빌려 용서할 수 있었겠지만, 그는 어쨌든 자신의 어머니, 아내, 딸까지 죽인 원수 중의 원수를 용서한다고 선언했기 때문입니다.

그런데 말입니다. 과연 이 남자의 용서는 지속될 수 있을까요? 저는 크림빵 아버지를 보며 자신 없다는 생각이 들었습니다. 남자의 용서 역시 어쩌면 시한부 용서일 것이란 생각이 강하게 들었기 때문입니다.

용서는 신만이 할 수 있는 영역

영화 〈오늘〉은 용서에 대하여 깊은 성찰을 하게 합니다. 한 여자가 사랑하던 애인을 뺑소니 사고로 잃게 됩니다. 하지만 그녀는 자신의 애인을 앗아간 그 뺑소니범이 풋내기 고등학생임을 알고 용서합니다. 그런데 자신의 용서를 받고 바르게 살아갈 것이라 믿었던 그 고등학생이 이번에는 같은 반 친구를 살해했다는 충격적인 소식을 듣게 됩니다.

이게 어떻게 된 일일까요? 우리는 용서가 무조건 좋은 것이라 여기고 증오로 펄펄 끓는 사람에게 용서하라고 말하는데, 그 용서가 오히려 더 큰 증오를 불러올 수 있다니요. 그렇다면 우리는 용서에 대하여 다시금 생각해봐야 하는 것입니다. 어쩌면 용서가 정답이 아닐 수도 있기 때문입니다.

한 여자가 자신에게 해를 끼친 남자를 용서했다고 쳐봅시다. 이때 남자는 그걸 계기로 다시는 해를 끼치지 않으려 노력하며 살 수도 있습니다. 하지만 자신의 잘못이 쉽게 해결됐다고 여겨 다음에는 더 큰 해를 끼치는 행동을 할 수도 있는 것입니다. 영화 〈오늘〉에서처럼요. 마치 바늘도둑 소도둑 되는 것처럼 말입니다. 실제 우리 사회에서는 이런 일들이 부지기수로 일어나고 있기도 합니다. 그런 면에서 용서는 만병통치약이 아닐 수 있습니다. 또 용서는 마치 흙이 가라앉은 컵 속의 물과 같습니다. 용서했다고 생각하지만 컵을 흔드는 순간 흙탕물이 되어버리는 것처럼 시한부 용서일 수밖에 없기 때문입니다.

그렇다면 내 속에 분노의 증오가 이글거릴 땐 어떻게 해야 할까요? 먼저 나를 위한 이해가 필요합니다. 내가 먼저 살고 봐야 한다는 것입니다. 놀라운 실험이 있습니다. 독일의 한 의학자가 인간이 분노할 때 입에서 나오는 홧김을 모아봤습니다. 그리고 그것을 냉각, 응축시키자 한 방울 될까 하는 액체가 만들어졌습니다. 이제 그

액체를 돼지에게 주사했는데 돼지가 비틀거리더니 쓰러지고 말았답니다. 조사 결과, 인간이 한 번 분노할 때 나오는 홧김에서 수많은 독 성분이 검출되었다고 합니다. 이번에는 인간이 분노하는 순간 피를 뽑아봤습니다. 그러자 시커먼 피가 나옵니다. 마치 체했을 때 손을 따면 나오는 피처럼 말입니다. 이 피의 성분을 조사했더니 마찬가지로 수많은 독성 물질이 검출되었다고 합니다.

이처럼 분노와 증오는 남을 다치게 하기 전 먼저 내 몸을 친다는 사실에 주목해야 합니다. 내가 그 나쁜 놈 때문에 상처받은 것도 분한데 그게 내 몸까지 망친다니, 이건 이중 삼중으로 당하는 꼴입니다. 그래서 분노와 증오가 생길 때 일단 그것의 노예가 되기보다 가라앉히는 작업이 필요합니다. 저는 이 작업을 용서 대신 '이해'라 이름 붙입니다. 다음과 같은 말이 있기 때문입니다.

"용서는 신의 영역이다. 인간은 다만 이해할 뿐이다."

필요한 것은 이해와 위로와 사랑뿐

과연 인간은 완전히 용서할 수 있는 존재일까, 자문했을 때 누구도 자신 있게 대답할 수 없을 것입니다. 하지만 이해는 할 수 있는 존재임이 분명합니다. 어떻게 이해할 수 있습니까? '역지사지'로 할 수 있습니다. 즉, 상대의 입장에서 생각해보는 힘만 있다면 이해할 수 있다는 이야기입니다. 실제 세계적인 용서 프로그램에서는 역할극이 많이 행해집니다. 서로 원수 간인 두 사람끼리 역할을 바꿔 연기해보게 하는 것입니다. 놀랍게도 이 역할극에 참여한 사람들은 비로소 상대의 입장을 이해할 수 있게 되었다며 상대를 용서한다는 이야기를 많이 합니다. 이처럼 역지사지의 힘은 놀라운 결과를 가져올 수 있습니다.

신엄마 씨가 저에게 이런 말을 한 적이 있습니다. 언젠가 자기 딸을 죽인 살인범을 찾아갈 것이라고요. 그래서 왜 자기 딸을 죽였는지 물어볼 것이라고요. 저는 이 과정이 꼭 필요할 수 있다고 생각합니다. 단, 그를 이해하려는 목적으로 찾아가는 것이라면요. 이때 신엄마 씨는 그 흉악범의 성장과정도 알게 될 것이요, 그의 입장을 조금이나마 이해하게 될 것입니다. 그럴 때 신엄마 씨는 비로소 가슴속에 응어리진 분노와 증오를 내려놓을 수 있게 될 것입니다.

이해에 대하여 말로는 쉽게 했지만 가슴으로 받아들이기는 또 쉽지 않은 문제일 것입니다. 이때 필요한 것이 '사람'입니다. '아니, 사람에게 상처받았는데 또 사람이라니.' 이렇게 생각할지 모르나 그 아픈 사람의 마음을 보듬어줄 수 있는 것도 결국 사람일 수밖에 없기에 하는 이야기입니다. 카미노 데 산티아고에서, 우리 팀은 신엄마 씨의 절규로 깊은 슬럼프에 빠질 뻔했습니다. 하지만 우리는 함께 신엄마 씨의 마음을 위로했고 또 몸으로 그녀를 돕기도 했습니다. 그러자 그녀는 조금씩 회복하기 시작했고 신기하게 근사한 숙소, 고기 파티, 식사 초대, 와인 선물로 이어지며 도움이 이어졌습니다. 저는 이것이 사람에게 받은 상처를 씻는 데 최고의 약효를 발휘

하는 사랑의 힘이라고 생각합니다. 결국 사람에게 받은 상처를 사람에게 받는 사랑으로 씻을 수밖에 없는 기묘한 세상의 원리인 것입니다.

눈레자들

06

↓

길 잃은 후, 와인의 샘과 포도 밟기의 행운 vs
삶의 길을 잃을 때도 있지만
– 실수, 실패에 대하여

●여행스케치1   앗, 노란 화살표가 사라졌다

어제의 즐거웠던 기억을 뒤로 하고 다시 새 아침을 맞았다. 이미 우리는 오래된 친구 같은 느낌에 젖어 있는데, 오늘이 불과 6일차라 한다. 허허, 6일이라니! 6일밖에 안 되었다니! 도무지 믿어지지가 않았다. 부르게테부터 헤밍웨이, 팜플로나, 도적들의 다리, 용서의 고개, 신엄마 씨의 모습, 오바노스에서의 고기 파티 등이 먼 역사 속 주마등처럼 휙휙 스쳐 지나간다.

그리고 '앞으로 23일이나 남았단 말인가.'라는 생각에 조금 힘이 빠지기도 했다. 그렇게 터덜터덜 생각에 잠겨 걷고 있는데 갑자기 작가의 표정이 이상하다. 아니, 당황한 기색이 역력! 분명 뭔가 잘못된 것이 확실하다. 어이구머니! 노란 화살표가 보이지 않는다고 한다. 그렇다면 길을 잃어버렸단 말인가! 이건, 또다시 찾아온 위기란 말인가.

　작가가 우리더러 잠깐 있어보라며 부랴부랴 길을 찾으러 나선다. 무척이나 당황했는지 토끼처럼 이리저리 뛰는 모습이 안쓰러울 정도다. 우리 중 유일한 경험자! 그러기에 그녀는 책임감으로 우리에게 미안함을 표시하고 있는 것일까? 그러지 않아도 되는데……. 8년 전 왔던 길이라면 나도 잘 생각나지 않을 듯하다. 하지만 그녀의 생각은 다를 수밖에 없다. 두 갈래 길에서 자신의 실수로 엉뚱한 길로 들어선 것이니! 그동안 걸었던 노동은 어떻게 보상한단 말인가. 또 시간은? 무엇보다 그녀는 오늘 모두가 잔뜩 기대하고 있을 와인의 샘을 못 찾고 헤맬까 봐 걱정이다.

　다행히 사람들에게 물어물어 다시 길을 찾았다. 하지만 우리에게 미안해하는 기색이 역력하다. 사실, 우리도 왔던 길을 다시 되돌아가야 한다니 힘이 빠지는 게 사실이다. 무려 한 시간을 낭비한 셈이니! 마치 하루 종일 컴퓨터로 작업했던 원고가 한순간 에러로 모두 날아가버린 듯한 느낌! 그래도 작가에게 부담 줄까 싶어 애써 표정 감추고 있는데 눈치 빠른 그녀는 이미 속마음까지 다 읽고 있다. 도망치고 싶다는 농을 던진다.

　나는 그녀에게 "길이란 잃을 수도 있는 겁니다."라며 위로했지만 별 효과는 없는 듯하다. 하지만 우리 중에 진심으로 그녀를 원망할 사람은 단 한 사람도 없어 보인다. 그만큼 우리는 이미 한 가족이 되어가고 있었으므로!

●여행스케치 2 와인의 샘, 무료로 물과 와인을 제공하는 곳, 포도 밟기 축제

와인의 샘! 에스테야에서 로스아르코스로 가는 길목에 있는 와인의 샘은 이라체 수도원에서 운영하는 곳으로 순례자들을 위해 무료로 물과 와인을 제공한다고 한다. 어떻게 무료가 가능할까 하는 호기심으로 잔뜩 기대한 채 와인의 샘을 만났다. 노란 화살표와 함께 카미노 데 산티아고의 나침반 역할을 하는 조개무늬 표식에 꼭지가 달린 모양새다. 의심도 팔자라, '정말 저 꼭지를 틀면 무료 와인이 쏟아지는 걸까?' 의아스러워했는데 이미 많은 순례자들이 무료 와인을 즐기며 이를 증명하고 있다. 세상에 공짜가 없다지만, 여기 정말 공짜가 있었다. 어렵게 내 차례가 와 와인 꼭지를 틀자 정말 공짜 와인이 콸콸 쏟아졌다. 나는 그 공짜 와인을 한 모금 들이켰다. 갈증으로 갈라진 목이 촤악 적셔지는 느낌! '어? 이건 텁텁한 와인 맛이 아니라 갓 딴 포도즙 맛인데?' 이런 생각이 들 정도로 달콤했다. 그리고 이건 공짜 와인이 아니라 아까 길 잃고 고생한 값으로 마시는 값진 와인이라는 생각이 스쳤다. 세상에 태어나서 마셔본 와인 중에 가장 맛있는 와인이었다.

그런데 놀랍게도 와인의 샘 역사는 중세로 거슬러 올라간다고 한다. 이곳은 원래 500년 동안이나 이어져온 수도원이었다. 이 수도원의 수도승들은 순례자를 맞이하곤 했는데 이때 수도원의 양조장 주인이 순례자들을 기쁘게 해줄 요량으로 와인 한 잔씩 대접한 것이 전통으로 이어져 무료 와인의 샘이 탄생했다는 것! 나는 조개껍데기

이라체 수도원의 두 개의 수도꼭지

로 와인을 받아 먹으며 즐거워하는 백인 순례자를 보며 왠지 중세에
양조장 주인에게 대접받았던 순례자를 잠시 떠올려보았다. 그날은
이라체 수도원의 공짜 와인을 석 잔이나 마신 덕분에 와인 기운으로
편안하게 걸었다.

공짜 와인으로 목을 축인 후 나선 여정에는 끝없는 포도밭이 이어
졌다. 스페인 최대 포도주 생산지 라리오하 지방이다. 미국에 콘 벨
트(끝없는 옥수수 밭)가 있다면 이곳에는 끝없는 포도밭이 있었다. 이
포도밭 끝에서 생각지 않은 행운이 이어졌다. 포도 밟기 축제 체험!
마침 때를 맞췄기에 가능한 일이라 한다. 라리오하 지방의 포도 수
확기는 바로 9월 말에서 10월 초. 이때 인근 도시에서는 근 일주일
동안이나 성대한 포도 축제가 열린다고! 우리는 거의 이 축제 끝자

락에 걸려든 셈이었다. 살다 보니 이런 행운도 오네, 모두가 기뻐하며 2인 1조로 한 바구니 가득 포도를 땄다. 그리고 커다란 오크 통에 포도를 들이붓고 역시 2인 1조 맨발로 포도 밟기 시작. 헉, 이건 웬 묘하고 축축한 느낌! 내 육중한 무게에 짓눌려 포도 알이 몽글몽글 터지며 빨간 핏빛 포도즙이 콸콸 쏟아져 나오고 있었다. 그러나 이 축축한 느낌은 우리에게 매우 신선하고 새로운 느낌으로 활력을 주기에 충분했다.

포도 밟기 하는 눈케자

↳ 포도 알을 따 먹는 배고픈 순례자

↳ 포도밭에서 와인을
마시는 순례자

와인을 숙성시키는 오크 통

● 여행스케치 3 가족이 된 느낌, 그리고 박사진 씨의 꿈

7일째! 우린 정말 가족이 된 느낌이었다. 그도 무리는 아닐 것이 지난 일주일 우리는 함께 자고, 함께 먹고, 함께 걸었으니까. 어디 그뿐인가, 기쁨도 즐거움도 슬픔도 함께했으니 우린 가족이다. 저 멀리 떨어져 있는 가족 못지않은 가족인 것이다. 힘들 땐 함께 등 두드려주고, 슬플 땐 슬픈 이야기 들어주고, 아플 땐 붕대로 감싸주기도 하는⋯⋯.

여인 셋(신엄마, 배요가, 작가)이 아침상을 차렸다. 샌드위치! 치즈, 삶은 달걀, 아보카도, 버터를 속으로 만든 맛있는 샌드위치를 한 입 베어 무는 순간 따뜻한 정이 느껴졌다. 사 먹는 음식에서는 도저히 맛볼 수 없는 따뜻한 맛 말이다. 이제 신엄마 씨는 완연히 기분을 회복한 듯 기뻐 보였다. 우리의 통역가이자 안내자 역할을 충실히 하는 작가와 배요가 씨도 서로 농담을 주고받을 만큼 밝아 보였다. 그런데!

내가 놓친 사람이 있었다. 박사진 씨! 사진기의 셔터를 누를 때 외에 그는 거의 존재감이 없어 보였다. 아니, 왠지 그의 안색에서 회색이 느껴졌다. 갑자기 그가 지난 용서의 고개에서 했던 말이 맴돈다. 가장 용서할 수 없는 게 나 자신이라고 했던! 그때 그는 왜 그런 말을 했을까? 혹 그의 얼굴에 품고 있는 그림자 때문일까? 그래, 그는 왠지 얼굴에 그늘이 있었다. 그의 고백을 들으며 그 그늘의 근원을 알 수 있었다.

"밝은 성격의 이미지를 가진 청년은 아니었던 것 같아요. 항상 도 망치려 하고…… 밝은 성격을 동경하지만 감히 어울리려 생각도 노력도 하지 않는…… 많이 부족한 모습을 보였던 것 같아요."

아마도 그는 자신의 성격에 열등감이 있는 듯했다. 열등감! 세상에 열등감이 없는 사람도 있을까? 결국 열등감도 피할 수 없는 우리네 현실인 것. 그렇다면 열등감보다 더 중요한 것은 열등감과 어떻게 어우러져 살아갈지 답을 찾는 게 아닐까. 다행히 박사진 씨는 사진에서 그 답을 찾아가고 있는 듯하다. 대학 졸업 후 세계 각지로 돌며 사진을 찍었다고 한다. 그리고 사진을 찍는 순간은 어두운 박사진이 아닌 그냥 나 자신 그 자체가 될 수 있었다고 한다.

'나 자신 그 자체'가 된다는 것은 무슨 의미일까? 알듯 모를 듯하지만 그건 매우 중요할 것이란 생각이 들었다. 누구든 나 자신 그 자체만 될 수 있다면 주변 환경에 동요되지 않을 수 있을 테니까! 그런 의미에서 나는 오늘 이 젊은 청년에게서 한 수 배웠다.

여행스케치 나 대를 이은 무화과, 펠리사와 마리아 할머니의 집

로그로뇨로 가는 길목에서 웬 할머니가 무화과를 나눠주고 있는 모습이 보인다. 이곳에서는 유명한 펠리사와 마리아 할머니의 집이라 한다. 서양인의 나이를 가늠하긴 어렵지만 70세는 돼 보이는 할머니가 노구를 이끌고 순례자의 여권에 도장을 찍어주는 일을 하고 있다. 근처에 무화과나무가 있는데 마음껏 따먹어도 된단다. 그녀는 왜 애매한 이곳에서 도장 찍어주는 일을 하고 있을까? 알고 보니 이 일은 그녀의 어머니 펠리사 시절부터 시작된 일이라 한다.

하루 종일 뙤약볕 아래에서 도장을 찍어주는 일, 몇몇 기념품을 팔고 있지만 그게 얼마나 돈이 될까 싶다. 펠리사는 자신의 딸 마리아에게까지 이 일을 시켰으나 젊은 마리아가 이 일을 좋아할 리 만무했을 것! 그래서 그녀는 어머니 곁을 떠났다. 그런데 어머니는 무려 90세가 넘어서까지 즐겁게 이 일을 하다 저세상으로 가셨다. 그 때 마리아에게 이상한 기운이 느껴졌다. 어머니가 했던 일을 자신이 해야겠다는 강한 생각! 마리아는 자신도 모르게 어떤 힘에 이끌려 이곳에 와 지금까지 어머니 뒤를 이어 이 일을 하고 있다고 했다. 아 마 펠리사와 마리아 모녀에게 이 일은 숙명이 아니었을까 생각해본 다. 실제 마리아 할머니의 딸까지 이 일을 돕고 있다.

숙명, 인간에게는 숙명이라는 게 있다. 피할 수 없는 운명이다. 이 건 싫다고 피할 수 있는 게 아니라 싫어도 해야 하는 일이다. 인간은 자유를 원해 바깥세계로 날아가고 싶어 하지만 신은 인간에게 숙명 이란 굴레를 덧씌워 놓은 것이다. 아이러니한 것은, 다시 그 숙명으

마리아 할머니와 함께

로 돌아왔을 때 인간은 싫음에도 불구하고 그 숙명으로 행복해지는 것이다. 그리고 그 숙명은 다른 사람까지 행복하게 해준다. 마리아 할머니처럼!

마리아 할머니의 나눔이 고마워 조개껍데기 목걸이 하나를 사려고 골랐더니 고맙다며 직접 목에 걸어주려 한다. 그런데 쯧쯧, 이렇게 난처한 일이 생길 줄! 내 두상이 너무 커 목걸이가 들어가지 않는 것. 목걸이 줄이 얼굴에 껴 낑낑대면서……. 어쩌면 이것도 내 숙명이 아닐까(?) 하는 우스꽝스러운 상상을 해보았다.

○여행스케치 5 산토도밍고데라칼사다 성당 전설

마리아 할머니의 정겨움을 뒤로 하고 산토도밍고데라칼사다에 들어섰다. 마을에서 풍기는 신비로움이 예사롭지 않다. 그것은 산토도밍고데라칼사다 성당에 깃든 전설에서 비롯된다. 일명 닭의 기적이다.

중세에 카미노 데 산티아고 순례에 나선 한 청년이 있었다. 그런데 이곳 산토도밍고데라칼사다에서 그의 순례는 멈출 수밖에 없었다. 그만 억울한 누명을 쓰고 교수형을 당하게 되었던 것. 놀란 어머니가 달려왔을 때 아들은 이미 처형을 당한 뒤였다. 어머니는 아들의 싸늘한 시신을 보며 슬피 울다가 마지막으로 작별의 키스를 하고 보내줘야겠다고 마음먹었다. 바로 그 순간이었다.

"어머니, 전 죽지 않았어요. 저는 억울한 누명을 썼던 거였어요. 하지만 걱정 마세요. 성 도밍고님이 저의 결백을 알고 다시 살려주셨거든요."

그건 분명 아들의 목소리였다. 어머니는 곧바로 판사에게로 달려갔다.

"판사님, 제 아들은 죽지 않았어요. 성 도밍고님이 아들의 결백을 알고 다시 살려주셨답니다."

하지만 판사는 어머니의 말을 곧이듣지 않았다. 아들에 대한 너무도 간절한 사랑 때문에 가끔 이런 헛것을 보는 어머니들이 있곤 했기 때문이었다.

"어허, 당신 마음은 알겠지만 그런 일은 절대 일어나지 않아요. 만약 당신의 아들이 살아 있다면 이 냄비의 구운 닭 두 마리도 살아 있을 거요."

그러자 어머니는 판사더러 그 냄비 뚜껑을 열어보라고 했다. 판사는 고개를 잘래잘래 저으며 냄비 뚜껑을 열어보았다. 바로 그때였다. 닭이 갑자기 푸드덕거리더니 꼬꼬댁 우는 것이 아닌가. 어머니의 말처럼 정말로 그의 아들은 다시 살아났던 것이다.

산토도밍고데라칼사다 성당 안으로 들어서니 창살 너머로 닭 두 마리가 보였다. 저게 바로 전설 속 그 닭이란 말인가! 청년의 부활

산토도밍고데라칼사다 성당 내부

기적 후 성당에서는 한 쌍의 닭을 키운다고 한다. 순례자들은 그 닭 앞에 멈춰 서 귀를 쫑긋 세운다. 그 닭의 울음소리를 들으면 카미노 데 산티아고 내내 행운이 깃들고 무사히 순례를 마칠 수 있다는 전설의 믿음 때문이다. 나도 신엄마 씨도 나머지 일행 모두가 그 닭의 울음소리를 듣기 원했다. 하지만 닭은 끝내 울지 않는다.

신엄마 씨는 그 앞에서 무엇인지 간절한 기도를 드렸다. 아마 딸에 관한 기도일 테지. 그녀의 딸도 청년처럼 억울한 죽음을 당했으니까. 혹시 딸도 청년처럼 억울함을 풀고 다시 살아날지도 모를 테니까!

산토도밍고데라칼사다 성당의 전설을 간직한 닭

삶의 길을 잃을 때도 있지만 – 실수, 실패에 대하여

우리가 와인의 샘을 앞두고 길을 잘못 들었던 것처럼, 우리네 인생길에서도 길을 잘못 들어설 때가 있습니다. 우리는 이것을 '실수'라 이름 부릅니다. 그리고 실수가 좀 더 커지면 이를 '실패'라 이름 부르기도 합니다. 아마도 우리가 카미노에서 길을 잠깐 잃은 것은 실수에 해당할 것입니다. 이처럼 실수는 누구나 할 수 있는 것으로 간주합니다. 그랬기에 그때 실수를 책임져야 했던 작가에게 아무도 화살을 던지지 않고 가볍게 넘길 수 있었을 것입니다. 하지만 만약 작가가 실수가 아니라 실패를 했다면 이야기가 달라질 것입니다. 카미노에서 실패란 목표를 달성하지 못한 것이 될 테니까요.

실수와 실패의 차이

사람들은 실수할 때 "앗, 내가 왜 그랬지?"라며 자책합니다. 이것이 실수를 대하는 사람들의 일반적인 태도입니다. 하지만 실수했다고 그것이 절망으로까지 이어지지는 않습니다. 아무리 빈복적인 실수를 했다고 해도요.

혹시 주변 사람들 중 실수했다고 자살하는 사람 본 적 있나요? 이상한 사람 말고 상식적인 사람 중에서 말입니다. 실수했다고 자살하는 사람이 없는 이유는 그만큼 실수는 가벼운 것이라 여기기 때문일 것입니다.

하지만 실패는 이야기가 다릅니다. 요즘 진학 실패, 취업 실패, 사업 실패, 심지어 연애 실패, 친구관계 실패 등까지 수많은 실패들이 우리 사회를 위협하고 있습니다. 이 실패들 때문에 자기 목숨까지 끊는 사례들이 속출하고 있습니다. 실패는 당장 그 순간에는 끝이라는 생각으로 이끄는 힘을 갖고 있기에 이런 절망의 위협을 만들어내는 것입니다. 저는 희망+절망=100이라는 공식을 즐겨 사용하는데, 이때 실패는 절망의 수치를 점점 높이는 절대 역할을 하게 됩니다. 그래서 결국 희망 0, 절망 100을 만들어 사람을 나락으로 떨어뜨려버리는 것입니다.

그런데 우리는 과연 실패의 본질이 이런 것인지 생각해볼 필요가 있습니다. 1000번의 실패 끝에 성공을 이루어낸 에디슨은 '실패는 성공의 어머니'라 했습니다. 즉, 실패의 아이콘이었던 사람들이 갑자기 성공의 아이콘으로 부상하는 일이 우리 주변에서 끊임없이 일어나고 있는 것입니다.

지금 최고의 개그맨 중 한 명으로 떠오른 김병만 씨는 개그맨 공채 시험에 무려 7번이나 떨어지는 실패를 경험했다고 합니다. 최고의 국민 MC 유재석 씨도 10년 실패 끝에 지금의 자리에 올랐다고 합니다. 최고의 축구스타 박지성 씨의 이야기는 감동입니다. 고등학교 졸업 후 프로팀 문을 두드렸으나 모두 다 거절당하고 말았습니다. 다 실패한 것입니다. 그런데 그는 최고의 축구스타로 우뚝 섰습니다. 이들을 지켜보면 실패라는 것이 보통 사람들이 생각하는 그것과 조금 다름을 알 수 있습니다. 누구는 한 번만 실패해도 절망의 나락으로 떨어질 것 같은데 이들은 수많은 실패 속에서도 그걸 이겨냈던 것입니다. 그런 면에서 이들의 실패는 실패가 아니라 마치 실수 정도로 여겨집니다. 작은 실패 말입니다.

만약 실패를 박지성 씨나 김병만 씨나 유재석 씨처럼 작은 실패(실수)로 여길 수 있다면 어떻게 될까요? 아마도 실패에서 받는 충격은 훨씬 덜할 것입니다. 또 실제로 실패가 정말 실패인지는 두고 봐야 합니다. 어떤 사람은 성공했다가도 인생의 마지막에 삐끗하여 실패하는 경우도 있습니다. 반대로 어떤 사람은 평생 성공하지 못하다가 인생의 마지막에 성공하는 사람도 있습니다. 이때 마지막에 성공한 사람이 중간에 실패한 것을 실패라 할 수 있을까요? 물론 실패이겠지만 그것은 김병만이나 유재석 씨의 경우처럼 작은 실패에 불과한 것입니다.

실패+실패+실패+실패+실패…… =성공

실패의 본질을 조금 더 파고들어 보면 사실 실패란 없는 깃임을 알 수 있습니다. 무슨 말도 안 되는 소리냐고 반문하고 싶을 것입니다. 하지만 인류의 역사를 살펴보면 지금 이루어놓은 성공은 모두가 실패를 발판으로 이루어놓은 것이기 때문입니다. 그런 면에서 실패는 분명 성공의 어머니입니다.

어떤 석기시대 원시인이 청동 암석을 발견했습니다. 그런데 암석

속에서 청동을 분리하는 방법을 알 수 없었습니다. 그는 돌망치로 두드리면 되는 줄 알고 평생 두드리다 결국 실패하고 말았습니다. 다른 원시인이 돌망치로 두드리면 안 되는 걸 보고 불로 열을 가해 봤습니다. 그랬더니 이게 웬일입니까. 청동이 줄줄 녹아 나오지 않겠습니까? 하지만 그는 녹아 나온 청동을 원하는 모양으로 만드는 방법을 몰라 평생 연구하다 또 실패하고 말았습니다. 이제 다른 원시인은 그것을 골똘히 생각하다가 돌로 원하는 모양의 틀을 만들어 녹아 나온 청동물을 부어보았습니다. 드디어 청동기가 탄생하는 순간이었습니다.

이 예화에서 보면, 처음 암석에서 청동을 분리하는 방법을 실패한 원시인이나 청동의 모양을 만드는 데 실패한 원시인이나 분명 청동기를 만드는 데 기여했다는 사실을 알 수 있습니다. 앞의 실패를 바탕으로 더 이상의 시행착오를 겪지 않고 새로운 기술을 개발할 수 있었으니까요. 그런 면에서 앞의 두 원시인의 실패는 실패가 아니라 성공의 어머니라 할 수 있겠지요.

이런 식으로 따져보면 세상에 실패란 없는 것입니다. 결국 그 실패는 다음으로 도약하는 데 쓰일 수밖에 없기 때문입니다. 만약 누가 식당을 창업하여 실패했다면 다른 사람은 절대 그 사람의 방법이 아니라 더 나은 방법을 사용하게 될 것입니다. 결국 앞 사람의 실패가 뒷사람의 성장에 도움을 줄 수밖에 없는 구조인 것입니다.

그런 면에서 실패＋실패＋실패＋실패＋실패……＝성공이라는 공식이 나올 수밖에 없습니다.

이 공식은 한 개인에게도 그대로 적용됩니다. 김병만 씨나 유재석 씨나 박지성 씨 등 수많은 성공한 사람들이 이걸 증명하고 있으니 더 이상의 증명이 필요 없을 것입니다. 물론 한 개인에게 이걸 적용할 때는 반드시 조건이 있습니다. 실패했을 때 절망 100으로 가지 않는다는 조건입니다. 1퍼센트의 희망만 남아 있더라도 그 실패에서 배울 수 있을 것입니다. 그러면 그는 점점 발전할 것이고 결국 성공으로 갈 수밖에 없을 것입니다.

실패가 쌓이면 성공으로 가는 공식은 우리의 카미노에서도 비슷하게 이루어져 놀라움을 자아냈습니다. 우리는 길을 잃는 작은 실패를 극복한 후 와인의 샘, 포도 밟기, 마리아 할머니의 무화과 등 행복을 맛볼 수 있었습니다. 이처럼 우리의 여행길에서도 신은 실패 후 성공이 온다는 원리를 넌지시 던져준 것입니다.

한편, 산토도밍고데라칼사다 성당 전설은 우리에게 어느 정도 실패를 극복해야 하는지 교훈을 줍니다. 청년이 카미노 데 산티아고 중간에 변을 당한 것은 분명 실패라 할 수 있을 것입니다. 그러니 청년은 자신의 실패를 가만두지 않았습니다. 그는 억울하게 실패했기에 신에게 억울함을 호소했고 결국 죽음의 실패에서 벗어날 수 있었습니다. 이는 우리가 죽음의 실패 앞에서도 그 실패에 굴해서는 안 된다는 소중한 교훈을 일깨워줍니다.

07

↓

200킬로미터 고난의 길 메세타 고원, 세족식, 철 십자가 vs 끝없는 고난의 인생길 – 끝없는 고난에 대하여

여행스케치 1 영화 같은 위용, 부르고스 대성당

파르테논 신전, 콜로세움 등 그리스와 로마의 고대 건축물을 제외하면 유럽에서 사람들을 가장 압도하는 건 당연히 중세의 대성당들일 것이다. 고딕, 로마네스크, 비잔티움 양식 등 아름다운 기품으로 웅장함과 화려함을 뽐내는 대성당들을 보고 있노라면 도대체 지금처럼 현대적 장비도 없던 그 시절에 어떻게 이런 엄청난 건축물을 지을 수 있었는지 그저 신기하고 신비할 따름이다.

하지만 오늘 그런 대작을 만날 줄이야! 부르고스에 도착했을 때 제법 큰 도시의 위용에 처음 놀랐다. 하지만 그건 예고편! 얼마 후 부르고스 대성당 앞에 도착했을 때 믿을 수 없는 광경이 펼쳐졌다. 마치 영화에서 보던 컴퓨터 그래픽인 줄 알았다. 하늘을 찌르는 듯

한 수십 개의 첨탑들. 마치 해리포터 영화에 나오는 마법의 성 같은 분위기는 잠시 나를 상상의 세계로 빠뜨려버렸다. 어떻게 그래픽 아닌 인간의 기술로 완성할 수 있었지? 아무리 머리를 짜내고 굴려봐도 건축에 문외한인 나로서는 감탄 말고 보내줄 게 없었다.

예상했던 대로 부르고스 대성당은 중세에 300년에 걸쳐 완성한 스페인 3대 성당 중 하나라 한다. 건축 기간이 무려 300년이라니! 도

300년에 걸쳐 완성한 부르고스 대성당

대체 몇 세대를 이어 건축했다는 이야기인지? 안으로 들어서자 중세 300년간의 고풍이 그대로 느껴졌다. 스테인드글라스, 각종 조각상, 장식 예술품들 그 기술 하나하나에 압도당하지 않을 수 없다. 무엇보다 스페인 국민 영웅 엘시드의 조각상이 눈에 띈다. 스페인 사람들은 왜 엘시드를 국민 영웅이라 할까? 우리나라 이순신 장군이 왜 적을 물리쳐 국민 영웅이 된 것처럼 엘시드 역시 모슬렘들을 물리쳤다. 사실 스페인이 과거 수백 년 동안 모슬렘의 지배를 받았다는 사실을 아는 사람은 많지 않다. 그 수백 년 모슬렘의 압제를 몰아내고 스페인 독립을 쟁취한 이가 엘시드였던 것. 더욱이 엘시드가 모슬렘과의 전투에서 위기에 빠졌을 때 성 야고보(산티아고)가 나타나 구해주었다는 전설은 엘시드의 명성을 더욱 높여주기에 충분하지 않았을까.

◉여행스케치 2 ╱ 고난의 길, 메세타 고원

"이제 각오해야 합니다."

이건 무슨 말? 우리의 안내자가 갑자기 우리를 위협한다. 지금부터 고난이 시작될 거라나 뭐라나. 듣고 보니 장난 아니다. 이제 이곳 부르고스에서 다음 목적지인 레온까지 약 200킬로미터에 이르는 고원지대가 펼쳐진단다. 그 사이 지금 같은 평탄한 길은 없고 계속되는 황무지 길이 끝없이 이어진다니! 믿을 수 없다. 어떻게 200킬로미

끝없이 펼쳐진 지평선

끝없이 이어진 순례길

터 황무지 길이 펼쳐질 수 있단 말인가! 이건 서울에서 대전보다 더 먼 거린데? 어떻게?

"그래서 이 길을 고난의 땅이라 불러요."

고난의 땅! 많이 들어본 말이다. 인생은 고난의 연속이라 했지. 그래, 이번 기회에 고난이 뭔지 제대로 겪어보자! 이런 각오로 발걸음을 떼었다. 하지만 소문대로 고난의 땅은 만만치 않다. 얼마 가지 않았는데 벌써 숨이 헐떡거린다. 비교적 젊은 세 사람(박사진, 배요가, 작가)은 앞서가고 나와 신엄마 씨는 뒤처지는 상황으로, 벌어지는 거리가 좀처럼 좁혀지지 않는다. 아니 점점 더 멀어진다. 이렇게 200킬로미터를 갈 수는 없다. 뭔가 대책이 필요하다. 우린 가족인데! 쉬는 시간을 늘려 달라, 아니 많이 쉬면 더 힘들어요, 이런 길은 빨리 가는 게 상책이에요, 서로 티격태격해보지만 자기주장만 나올 뿐 뾰족한 수가 나오질 않는다. 그런데 앞서 가는 세 사람 사이에도 뭔가 냉랭한 기운이 감돈다. 좀 전까지 좋았던 팀 분위기가 급속히 나빠진 게 분명하다.

힘들 때, 그게 남 탓이라는 생각이 들면 사람 마음에 뾰족한 가시가 돋게 마련이다. 우리 팀에 심각한 위기는 이 때문에 찾아온 게 분명하다. 이 위기를 어떻게 극복하나? 이럴 때일수록 먼저 손을 내밀어야 하는데, 누구 하나 먼저 손 내밀 여유조차 찾기 어렵다. 아니, 각자가 마음속에 누군가를 찌르고 있다. 이래서는 안 된다.

우리는 이 위기를 극복하기 위해 서로 모여 속마음을 이야기해보기로 했다. 메세타 고원 잔디밭에 빙 둘러앉았다. 하지만 누군가가 자신을 지적할 때 상처받지 않을 사람이 어디 있을까? 결국 이 긴급회동은 상처만 더 깊게 한 채 불협화음으로 끝나버리고 말았다.

멈출 수 없는 고난의 길

그날 저녁 우리의 숙소는 산 니콜라스 알베르게였다. 작은 마을에 있는 조그마한 알베르게. 깊게 밴 마음의 상처로 무거운 몸을 안은 채 우리는 그 알베르게로 들어섰다. 그런데 이게 무슨 일? 세족식을 행한다고 한다. 세족식이라니! 그게 뭐지? 그래 십자가 죽음을 예견한 예수가 최후의 만찬을 하기 전 제자들 발을 씻겨주었다던 그 세족식! 근데 왜 우리더러 그 세족식을 하라 할까?

"여기는 작은 성당을 개조해 만든 알베르게입니다. 그래서 순례자의 축복을 빌기 위해 세족식을 거행하는 겁니다."

우리는 그렇게 아무것도 모르고 세족식에 참가했다. 신부 옷을 입은 백인이 수백 리 길에 찌든 내 발을 정성스레 씻겨주고 입 맞춘다. 묘한 느낌이다. 하지만 이때까지 울림은 전혀 없었다. 이번에는 우리더러 동료의 발을 씻겨주라 한다. 나는 신엄마 씨의 발을 씻기면서 신엄마 씨의 가슴속 짐을 내려놓는 여정이 되길 바란다는 기도를 올리고 입 맞췄다. 그렇게 우리는 각각 동료의 발을 씻겨주고 축복의 기도를 올리고 입 맞추는 세족식을 거행했다. 그런데 작가가 배요가 씨 발을 씻겨주며, 또 박사진 씨의 씻김을 받으며 눈에 눈물이 맺히기 시작했다. 그것은 분명 참회의 눈물이었다. 그녀는 메세타 고난의 길에서 괜히 여기 왔다며 불만을 터뜨렸던 전과가 있었는데, 그걸 참회하는 눈물을 흘렸던 것이다.

감동은 전염되는 법! 작가의 눈물은 모두가 자신들의 불평불만을 뉘우치는 분위기로 이어졌다. 나 역시 남을 탓했던 자신이 그리 부끄러울 수 없었다. 아! 심각한 위기가 이렇게 극복되다니, 그야말로 반전이다. 그 반전의 중심에 세족식이 있었음은 두 말할 나위 없고!

다음 날 아침, 우리는 조용히 눈을 감고 박사진 씨의 오카리나 연주로 영화 <미션>의 OST '가브리엘의 오보'를 감상했다.

그 순간 최성봉이라는 이름 석 자가 떠오른 것은 왜일까? 눈물이 난다. 세 살 때 고아원에 맡겨졌다가 구타 때문에 다섯 살 때 뛰쳐나와 껌팔이로 10여 년을 혼자 연명했던 청년, 계단이나 공중화장실에서 잠을 자면서 초등학교와 중학교를 검정고시로 졸업하고 고등학교에서 처음 교실이라는 데를 가봤다던 청년, 하루살이로 연명하다 어느 날 성악을 듣고 처음 꿈이라는 것을 꿔봤던 청년, 한국의 폴 포츠를 꿈꾸며 <코리아 갓 탤런트> 오디션에 나와 모두를 눈물짓게 했던 바로 그 청년. 그때 그가 부른 노래가 바로 '가브리엘의 오보'에 이탈리아어로 가사를 붙인 '넬라 판타지아'였지 않은가! 그리고 최성봉 씨는 그렇게 자신의 꿈을 이루지 않았던가.

나는 박사진 씨의 연주를 들으며 변화를 상상했다. 그때 최성봉 씨가 '넬라 판타지아'로 완전히 인생을 변화시켰던 것처럼. 나의 느낌대로 박사진 씨는 그날부터 대장을 자처하며 열심히 대원을 이끌었다. 이전까지 혼자 행동하던 모습에서 팀을 위해 희생하는 아름다운 모습으로 변모하면서. 덕분에 단 한 사람도 뒤처지지 않은 것은 물론이고!

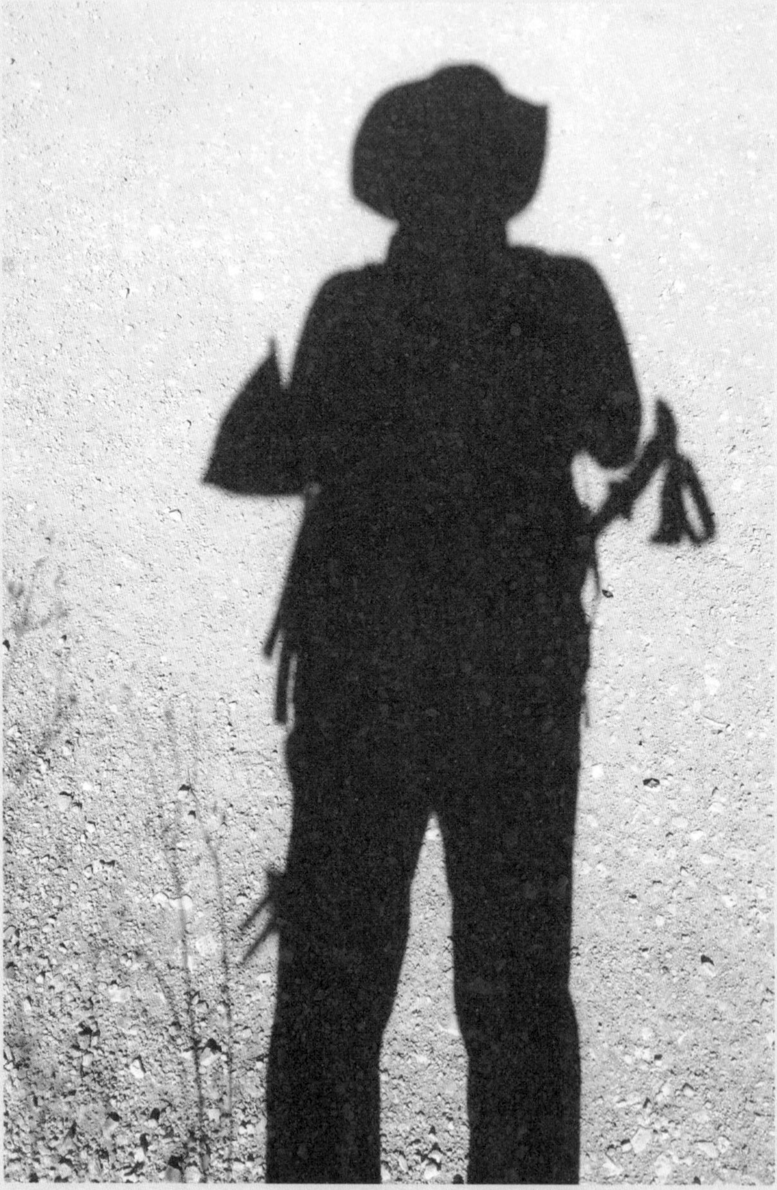

순례자를 따라 걷는 그림자

놀라운 변화였다. 그동안 박사진 씨는 우리와 대화다운 대화를 나 눈 적이 없었다. 그저 자신만의 세계에서 혼자 셔터를 눌러댈 뿐이 었으므로……. 그래서 대원들이 부담스러워 했고 팀워크에도 심각한 영향을 끼쳤다. 그런 그가 대장을 자처하더니 카메라를 내려놓은 것 이다. 그리고 다른 사람들과 대화를 튼 것이다. 대화를 튼다는 것은 소통의 시작이다. 먼저 그가 신엄마 씨를 이해하려 하기 시작했다. 왜 신엄마 씨가 자꾸 뒤처지는지. 그저 나이 때문이라 생각했는데 신엄마 씨에게 비염이 있다는 소릴 들은 것이다. 비염이 있다면 호흡 이 힘들 수밖에 없다. 호흡이 힘들면 빨리 걸을 수 없는 건 당연하 고……. 그때부터 박사진 씨가 신엄마 씨 대하는 태도가 달라졌다. 배려가 시작된 것이다.

한 사람이 변화한다는 것, 그것은 기적에 가깝다. 그만큼 사람의 변화가 쉽지 않기 때문이다. 그런 면에서 박사진 씨의 변화는 우리 팀에 신선한 충격을 던졌다. 나도 놀라고 작가도 놀라고 신엄마 씨 도 놀랐다.

나는 박사진 씨와 많은 대화를 나눌 수 있었고, 그가 무엇을 고민 하는지 구체적으로 알게 되었다. 그건, 과연 이 여행 후 그저 아마추 어 사진가가 아닌 프로 사진가로서 인생 2막을 잘 헤쳐 나갈 수 있 을까 하는 두려움에 관한 고민, 사진가는 많은 사람들을 만나야 하 는데 자신의 성격은 그걸 못 따라주는 것에 대한 고민, 그런 것이었다. 나는 그가 이번 여행에서 얻은 경험, 변화의 모습을 이어갈 수 있다면 충분히 잘할 수 있을 것이란 자신감 심어주기에 온 힘을 기울였다.

그날 저녁, 우린 함께 음식을 준비하여 만찬을 마련했다. 그리고 맛난 음식을 함께 먹으며, 와인 잔을 기울이며 마음 따뜻해지는 위로의 밤을 함께 보냈다.

○여행스케치 5 철 십자가, 마음의 짐 내려놓는 곳

우리가 걸어온 길을 헤아려보니 무려 550킬로미터다. 550킬로미터! 믿어지지 않는 숫자다. 서울에서 부산까지 가고도 100킬로미터를 더 간 거리. 내가 이 먼 길을 걸어왔다니, 믿어지지가 않는다. 벌써 론세스바예스를 떠나온 지도 20여 일이 지났다. 그런데 지금 우리 앞에 또 하나 어려운 길이 기다리고 있다. 바로 철 십자가! 이곳은 누구보다 신엄마 씨가 꼭 가야 하는 곳이기도 하다. 철 십자가가 어떤 곳이기에 신엄마 씨는 꼭 이곳에 가야 할까?

철 십자가는, 무거운 짐을 내려놓는 곳이다. 그래서 순례자들은 자신들이 가지고 온 돌이나 사진, 유품 등에 먼저 간 가족들의 영혼을 담아 이곳에 내려놓고 소원을 빌었다. 떠나간 가족의 넋을 보내는 마지막 이별 공간인 것이다. 이런 역사가 천 년을 이어왔으므로 지금 철 십자가는 엄청난 돌무더기들에 둘러싸여 있다. 그리고 그

중심에 철 십자가가 꽂혀 있다. 이제 신엄마 씨도 이곳에 자신의 딸을 내려놓고 떠나보내야 하는 것.

그토록 먼저 간 딸을 내려놓기 힘들어했던 그녀가 과연 이곳에 딸을 내려놓을 수 있을지 걱정이다. 하지만 그녀는 내려놓을 수밖에 없을 것이다. 그녀가 내려놓아야 하는 건 단지 자신의 딸만이 아니었으므로! 그렇다. 그녀는 자신처럼 자식을 먼저 보낸 사람들 모임에 나가고 있었다. 그 사람들도 신엄마 씨와 똑같은 아픔으로 몸부림치고 있다. 그래서 그들의 아픔을 들어주기 위해 신엄마 씨는 그들의 눈물 묻은 자식들 사진까지 다 가지고 이곳에 왔다. 이제 신엄마 씨는 철 십자가에 자신의 딸과 함께 이 아이들을 다 내려놓아야 하는 것이다. 과연 신엄마 씨는 이 아이들까지 다 내려놓을 수 있을까?

철 십자가는 이번 카미노 데 산티아고에서 가장 높은 1504미터 꼭대기에 있었다. 거기를 가기 위해 가파른 오르막 8킬로미터를 걸어야 한다. 어쩌면 이번 여정에서 가장 힘든 순간이 될 수도 있다. 과연 신엄마 씨는 이 산을 끝까지 오를 수 있을까? 예상대로 신엄마 씨의 표정이 무겁고 어두워진다. 박사진 씨가 "조금 쉬어갈까요?" 배려의 말을 던지자 신엄마 씨는 이를 거절한다. 아마도 쉬는 동안 더 힘든 생각이 피어오를까 걱정되었기 때문이었을 것! 그렇게 우리 앞에 그 무거운 철 십자가가 모습을 드러냈다.

신엄마 씨는 가져온 사진과 유품들을 철 십자가에 내려놓고 통곡을 쏟아내기 시작한다.

"잘들 가, 아프지 말고……. 이제 아무도 너희들 안 해쳐. 잘들 가, 잘들 가……. 지켜주지 못해서 미안해……. 흑흑."

그렇게 신엄마 씨는 마지막으로 딸 사진까지 훌륭하게 내려놓았다. 철 십자가에 다 내려놓았다. 박사진 씨는 그런 신엄마 씨를 위해 오카리나로 애절한 '아리랑'을 들려주었다. 이국 만 리 카미노 데 산티아고의 철 십자가에서 울려 퍼지는 '아리랑'은 애절한 '아리랑'만은 아니었다. 그것은 애절함이 섞인 희망의 '아리랑'이었기 때문이다.

돌무더기에
둘러싸인
철 십자가

끝없는 고난의 인생길 - 끝없는 고난에 대하여

🍇

우리의 산티아고 여정에서 가장 힘든 구간이 있었다면 그건 단연 코 고난의 땅이라 불리는 메세타 고원을 통과하는 길이었을 것입니다. 생각해보십시오. 거의 해발 1000미터에 육박하는 고원지대만 200킬로미터를 걸어가야 하는 것입니다. 고원지대는 알다시피 산 소가 희박하기 마련인데 그런 환경에서 무려 서울에서 대전보다 더 먼 거리를 걸어야 하는 것입니다. 그것도 각자 무거운 배낭을 짊어 진 채 말입니다. 더욱이 메세타 고원 다음으로 이어진 해발 1500여 미터의 높이에 있는 철 십자가를 향하는 길은 고난의 절정이었다고 할 수 있을 것입니다. 너무 힘들어서 피하고 싶었지만, 그러나 산티 아고데콤포스텔라를 가기 위해서는 꼭 지나야 하는 길이었습니다. 길만 힘들었다면 그나마 괜찮았을지도 모릅니다. 그런데 우리 대원 들 간에 관계까지 일그러지며 심각한 위기까지 겪었을 때는 정말이 지 포기하고 싶은 마음이 굴뚝같았습니다.

그런데 산티아고 여정 길은 우리네 인생길의 축소판입니다. 우리 네 인생길에서도 이런 고난은 피할 수 없는 숙명이니 말입니다.

고난은 인생의 필연

누구를 거론할 것 없이 제 인생만 돌아봐도 참 고난의 연속이었 다는 생각이 듭니다. 사업 실패, 자살 시도, 그리고 재기……. 물론 지금 저는 다시 일어서 행복하지만 여전히 생활 속의 크고 작은 고난은 계속되고 있습니다. 그런데 혹시 고난을 좋아하는 사람이 있을까요? 아마 단 한 명도 없을 것입니다. 정상적인 사람이라면요.

피하고 싶지만 우리네 인생에서 고난은 피할 수 없는 숙명과도 같은 것이며, 또 고난은 결국 우리가 생을 마감할 때까지 계속된다는 사실을 잊지 말아야 합니다.

예전에 길에서 만난 어느 할아버지가 있었습니다. 머리카락은 하얗게 세었고 얼굴은 온통 주름이 뒤덮었습니다. 허리는 굽었고 행색은 후줄근한 점퍼 차림입니다. 거기에 다 해어진 거무튀튀한 가방 하나를 메고 다닙니다. 가방 안에 뭐가 있나 싶었는데 전선이 잔뜩 나옵니다. 할아버지는 사람들이 지나는 공원 귀퉁이에 앉아 실타래처럼 얽힌 전선을 꺼내 전선 피를 벗겨내기 시작합니다. 그러자 속에서 구리 선이 나옵니다. 이걸 전파상 같은 데 갖다 주면 돈을 받을 수 있습니다. 하루에 얼마 버시냐고 여쭸더니 5000원, 재수 좋으면 10000원이랍니다. 무슨 사연이 있는 것 같아 여쭸더니 그동안 살아온 고난의 인생을 털어놓습니다. 할아버지는 젊어서 전파상을 해 제법 돈을 많이 벌었다고 합니다. 젊은 시절 자기 집도 장만할 정도로요. 그런데 아내가 바람이 나면서부터 집안이 무너지기 시작했다는 겁니다. 춤바람에 도박 바람까지! 집도 담보 잡혀 날아가버렸고 이제 할아버지는 빈털터리가 되고 말았습니다. 그래도 애들 때문에 아내를 버릴 수 없어 몇 번이나 각서를 쓰고 다시는 안

그러겠다고 다짐까지 받았으나 결국 집을 나가버리고 말았다고 합니다. 그때 큰딸이 고등학교 들어갈 무렵이었습니다. 그 뒤로 할아버지는 혼자 아이 셋 키우며 고생고생 살았는데, 이번에는 자식들이 할아버지를 괴롭히기 시작했습니다. 그나마 몇 푼 안 되는 남은 재산 가지고 자식들끼리 싸움이 붙었다가, 그중 아들이 거짓으로 할아버지를 속이고 그 돈을 들고 도망가버렸습니다. 그 일 이후로 부모자식 관계는 물론 형제들 관계도 다 깨진 채 지금까지 살아오고 있다고 합니다. 그래서 지금 여든이 다 돼가는데 혼자 거리를 떠돌며 먹고살려고 전선을 줍고 다녔던 것입니다.

참 인생이 안 풀린 경우이긴 하지만 우리 주변에는 이보다 더한 일을 겪는 사람들도 얼마든지 많습니다. 당장 우리 팀의 일원이었던 신엄마 씨 역시 엄청난 고난을 겪었지 않습니까.

한 할머니 이야기도 들었는데 슬하에 딸 둘, 아들 하나 둔 할머니였습니다. 그런데 큰딸이 도로를 건너다 차에 치여 반신불수가 되었습니다. 게다가 작은딸도 차를 몰다가 교통사고가 나 큰돈을 날린 채 어렵게 살게 되었습니다. 이게 다가 아닙니다. 막내아들마저 카드로 큰 사기를 당해 신용불량자가 되어 쫓기는 삶을 살고 있다고 합니다.

이 역시 특별한 경우이긴 하지만, 길 가는 할머니나 할아버지 붙들고 얼마나 고생하셨는지 물어보면 대개 소설 하나 쓰고도 모자란다는 답을 하십니다. 이분들은 인생을 많이 산 분들이기에 인생이 고난의 연속이라는 말을 몸소 증명하는 분들이라 할 수 있습니다. 물론 사람에 따라 고난의 크기와 정도가 천차만별인 건 사실입니다. 누구는 큰 고난을 겪지만 누구는 작은 고난밖에 겪지 않습니다. 또 누구는 초년에 심한 고난을 겪기도 하고 누구는 말년에 심한 고난을 겪기도 합니다.

고난+고난+고난...... = 변화+변화 = 성장

그런데 왜 신은 인간에게 고난이라는 걸 주셨을까요? 인간더러 '맛 좀 봐라' 하며 고난을 주신 걸까요? 그런데요, 이 고난이라는 것도 세밀히 살펴보면 앞의 실패와 비슷한 원리로 작동함을 알 수 있습니다. 무슨 말이냐면, 고난이라는 게 사람들이 생각하는 것처럼 그저 안 좋은 게 아니란 이야기입니다.

앞에서 박사진 씨의 오카리나 연주 '가브리엘의 오보' 이야기를 할 때 떠올렸던 최성봉 씨 이야기를 다시 해볼게요. 아마도 고난 이야기할 때 그보다 더 고난을 겪은 사람이 있을까 싶습니다. 세 살 때 고아원에 맡겨졌다 구타로 다섯 살에 도망쳐 나왔습니다. 이후 혼자서 10년간을 껌팔이로 연명하며 공중화장실이나 계단에서 잠을 자며 살았습니다.

이게 말은 쉬운데 간단한 문제가 아닙니다. 다섯 살짜리 어린애가 혼자 껌팔이를 하며 살다니요. 요즘 호사를 누리고 사는 애들 생각하면 도무지 상상이 되지 않습니다. 더욱이 지금이 굶기를 밥

먹듯이 하던 1950년대도 아니고……. 이게 정말이라면 그가 얼마나 어려운 삶을 살았을지 가슴이 먹먹할 정도입니다. 그런데요, 그런 최성봉 씨가 반전 인생을 이루는 데 성공합니다. 요즘 유행하는 오디션 프로그램에 나가 멋지게 성악을 부른 것입니다. 이후 최성봉 씨의 사연은 전 세계에 감동을 던지며 큰 반향을 불러일으켰고, 최성봉 씨는 팝페라 가수로 성공하기에 이릅니다. 만약 최성봉 씨의 상상을 초월하는 어릴 적 고난의 삶이 없었다면 지금의 최성봉 씨만큼 클 수는 결코 없었을 것입니다. 그런 면에서 최성봉 씨에게 어린 시절 고난은 오히려 독이 아니라 약이 된 셈입니다.

이런 사연은 무수히 많습니다. 수많은 성공자들의 삶을 살펴보면 대부분이 어린 시절 가난했거나 어려움이 있었고 그 어려움을 극복하기 위해 노력한 결과 오늘의 성공을 이뤘다고 말합니다. 당장 우리나라 역대 대통령들만 봐도 대부분이 지독한 좌절과 절망을 극복하고 그 자리에 오르지 않았습니까?

대통령 중에 두 명(박정희, 김대중)은 사형선고를 받았고요, 장가 두 번 간 사람은 여러 명(이승만, 박정희, 김대중)이고요, 대학을 못 나온 사람도 두 명(김대중, 노무현)이나 됩니다. 당신이 만약에 사형선고 받고, 장가 두 번 갔고, 대학 못 나왔다면 대통령이 되겠다는 꿈을 꾸었을까요? 그들은 태생적 한계에 무릎 꿇지 않고 그 한계를 훨씬 넘어서 간 사람들이었습니다. 요즘 개천에서 더 이상 용 안 난다고 떠드는 사람들이 많은데 그건 현실을 잘 모르고 하는 이야기입니다. 지금도 역경을 극복한 끝에 성공의 자리에 오르는 사람들이 많습니다.

그렇다면 왜 고난이 이런 결과를 가져다주는 것일까요? 그것은 고난이 있어야 변화와 성장을 이끌어낼 수 있기 때문입니다. 누군가 변화하고 싶은데 그냥 편안한 상태라면 절대 변화할 수 없습니다. 순금이 만들어지는 과정을 살펴보면 알 수 있습니다. 순금을 만들기 위해서는 먼저 금광에서 캔 광석을 해머로 내려쳐 잘게 부숩니다. 그리고 그 잘게 부순 것을 더 빻아 가루로 만든 뒤 그 가루를 물에 넣어 금가루만 분리합니다. 놀라운 것은 1톤의 금광석에서 나오는 금이 기껏해야 몇 십 그램이라는 사실입니다.

어쨌든 드디어 금가루가 나왔어도 이게 끝이 아닙니다. 이번에는 펄펄 끓는 용광로에 집어넣습니다. 금가루에 섞인 불순물을 걸러내기 위함입니다. 이때 1000℃의 끔찍한 온도로 가열하면 맨 처음 구리 성분이 녹아 나옵니다. 남은 금을 다시 용광로에 넣고 역시 1000℃로 끓이면 이번에는 은이 녹아 나옵니다. 그리고 마지막 한 번 더 1000℃의 용광로에 넣고 끓이면 비로소 순금이 녹아 나오는 것입니다. 물론 이 순금도 100퍼센트는 아닙니다. 99.9퍼센트입니다. 완전한 순금을 만들기란 그렇게 어려운 일입니다. 이리저리 깎이는 것은 물론 펄펄 끓는 용광로에 세 번씩이나 들어갔다 나와야 하니 말입니다.

여기서 중요한 교훈은 고난의 과정을 겪을 때마다 조금씩 변화한다는 사실입니다. 그리고 이 변화가 몇 번 일어나면서 성장한다는 사실입니다. 우리네 인생도 마찬가집니다. 고난의 과정을 거치면서 비로소 변화를 경험하게 되고 그 변화가 쌓여 나는 한 단계 성장할 수 있는 것입니다.

놀라운 것은 이러한 원리가 우리 산티아고 여행에서 그대로 재현되었다는 사실입니다. 우리도 메세타 고원에서 엄청난 고난에 직면했습니다. 그런데 그날 저녁 희한하게도 세족식을 하게 됩니다. 우리는 바로 탓했던 상대의 발을 씻겨주며 마음이 낮아졌고 반성의 눈물을 흘렸습니다. 그리고 드디어 변화가 일어났습니다. 바로 박사진 씨의 놀라운 변화! 게다가 신엄마 씨가 철 십자가에서 자신의 딸을 내려놓는 장면은 감동 그 자체였습니다. 우리네 인생도 마찬가지입니다. 고난의 본질을 고통이 아니라 변화와 성장을 위한 발판으로 받아들일 수만 있다면 그 고난은 반드시 변화를 이끌어낼 것입니다. 그리고 그 변화가 모여 성장을 이끌어낼 것입니다.

08

↓

....

도착 100킬로미터 전,
희망찬 순례자 vs 고난 다음은 반드시 희망
– 사랑과 희망에 대하여

🔵 여행순례치 | 변화 2

막내 배요가 씨의 직업은 요가 강사다. 그녀가 요가 강사가 된 데
는 까닭이 있었다. 그녀는 처음 산티아고 순례에 도전했다가 300킬
로미터 지점에서 무릎이 너무 안 좋아 포기하게 되었다. 이후 건강
을 위해 시작한 요가가 직업이 된 것이다. 이번 여행은 그녀의 재도
전이 되는 셈이다.

그런 그녀가 박사진 씨처럼 변화의 조짐을 보이기 시작했다. 지난
20여 일 동안 배요가 씨는 절대 먼저 다가가는 사람이 아니었다. 남
이 말을 걸어오면 받아주는 정도였다. 그런 그녀가 갈리시아 지방을
지나면서 드디어 변화하기 시작한 것.

갈리시아 지방은 우리가 통과해야 할 마지막 주이다. 1000개의 강

이 흐르는 땅이라 불릴 정도로 물과 강이 많다. 그것은 이곳이 습도가 높고 비가 많이 내리는 지역이기 때문이기도 하다. 오죽하면 "햇볕을 위해 기도하되 비옷 준비하는 건 잊지 마라."는 속담이 있을 정도겠는가.

그 변덕스러운 길을 걸으며 배요가 씨는 웃으며 나에게 농을 걸어왔다. 처음이었다. 그뿐만 아니라 신엄마 씨에게 먼저 다가가 말을 건다. 도대체 무엇이 그녀의 변화를 이끌어냈을까? 메세타 고원의 위기, 세족식, 철 십자가 등이 떠올랐으나 정확한 이유는 알 수 없다. 어쨌든 그녀는 신엄마 씨에게 다가가 안마도 해주고 애교도 부린다. 굳었던 신엄마 씨의 얼굴에 미소가 확 번진다.

"에구 예뻐! 우리 딸로 삼고 싶네."

신엄마 씨는 배요가 씨를 꼭 안으며 이렇게 말했다. 배요가 씨는 스스로 말했다. "다가가는 것, 억지로 웃는 것도 힘들었었는데⋯⋯ 내가 바뀌었구나."라는 느낌이 든다고! 여행에서 성장한다는 말을 믿게 되었다고.

🔵 여행스케치 2 가장 신비로운 장소, 오세브레이로

갈리시아 지방으로 들어서며 우리는 계속해서 짓궂은 날씨와 싸워야 했다. 비를 맞으며 세찬 산바람을 맞으며 진흙탕 길을 걷는 것은 보통의 길보다 몇 배는 더 힘들 수밖에 없다. 그 악조건에서 다음으로 우리를 기다리는 곳은 해발 1296미터에 위치한 작은 마을 오세브레이로.

처음으로 박사진, 배요가, 신엄마 씨가 한 조가 되어 오세브레이로로 향한다. 비바람을 맞으며 그 높은 곳을 오르는 일은 결코 만만치 않다. 그런데 셋은 마치 엄마, 아들, 딸처럼 서로 티격태격하며 재미있게 힘든 길을 갈음한다. 신엄마 씨는 아예 설레는 모습이다. 이 셋이 카미노 데 산티아고에서 함께 걸은 것은 이번이 처음이었기 때문이다.

오세브레이로! 세찬 바람 때문인지 다른 마을과 달리 이색적인 집들이 눈에 들어온다. 돌로 벽을 만들고 짚으로 지붕을 덮은 것이 특징. 이 마을에 순례자들이 가장 신비로운 장소로 꼽는 성당이 있다고 한다. 우리는 설렘으로 그곳을 향했다. 성당으로 들어서자 제일 먼저 성배가 눈에 들어온다. 성배! 가톨릭에서 가장 성스럽게 여기는 잔이다. 수도자는 우리를 반기며 저 성배가 무려 700년 전 그 전설의 성배라 한다. 700년 전 전설의 성배, 도대체 어떤 사연이 있기에 저 성배는 이토록 내 마음을 앗아갈까?

700년 전 폭풍우 치던 어느 날, 그 폭우를 뚫고 한 순례자가 이 성당으로 들어섰다. 도대체 그처럼 궂은 날씨에 순례를 감행하는 사람이 있을 리 없다. 그러니 성당 안은 텅 비어 있다. 신부는 그 순례자를 물끄러미 보다가 그 한 사람을 위해 미사를 드리기로 한다. 미사는 빵과 포도주를 하느님께 드리는 형식(축성)으로 진행되었다. 그런데 빵과 포도주로 축성을 하는 순간, 빵은 고기로 포도주는 피로 변해버렸다. 그야말로 성찬에서 빵과 포도주를 그리스도의 몸과 피로 변하게 한다는 기적이 일어난 것이다. 이것은 기독교에서 가장 성스러운 기적이다.

우리는 그 성배 앞에서 조용히 기도를 드렸다. 그것은 그냥 무엇을 달라는 욕심 담긴 기도가 아니라 그저 마음이 성스러워지는 특별한 기도였다.

오세브레이로 마을

눈레자 상

● 여행스케치 3 계속되는 고통의 길, 부상, 그리고 체력의 한계

23일 차, 남은 거리 160킬로미터. 우리는 무려 630킬로미터를 걸어온 것이다. 여기까지만 해도 대단하다는 생각이 든다. 하지만 아직 160킬로미터가 남았다. 남은 시간은 일주일쯤. 630킬로미터를 걸어온 사람에게 160킬로미터는 아무것도 아닌 것처럼 느껴져야 했지만, 우리 사정은 그렇지 못했다. 부상자가 속출했으므로! 너나 할 것 없이 발바닥 물집 때문에 수술자국은 기본으로 가지고 있다. 물집의 물을 빼내고 바늘과 실을 관통하는 수술이다. 나도 어느 하나 성한 발가락이 없을 정도니 여자들은 오죽하랴.

드디어 우려했던 일이 터졌다. 1차 카미노 데 산티아고 실패에 이를 악물고 재도전한 배요가 씨였는데, 그래서 이번만은 꼭 성공하기를 바랐던 그녀였는데 그녀가 주저앉아버렸다. 이유는 발목 통증 때문. 의료진의 긴급 호출이 이어졌다. 진단 결과, 더 이상 걸으면 위험한 상황이라고 한다. 이게 무슨 날벼락 같은 소린가! 고지대를 지날 때 경사가 심한 오르막과 내리막이 많았는데 내리막길에서 발목에 무리가 갔기 때문이라고 한다.

날벼락이 아닐 수 없었다. 한 명이라도 실패한다면 우리의 카미노 전체가 실패한 것이나 다름없다. 이걸 어찌해야 한단 말인가? 하지만 하늘이 무너져도 솟아날 구멍은 있는 법! 의료진은 조금 쉬면 나아질 테니 뒤늦게 합류하면 어떻겠느냐는 의견을 내놓았다. 그럴 수만 있다면 당연히 괜찮지!

그렇게 배요가 씨를 뒤로 한 채 우리는 이를 악물고 걷고 또 걸었다. 배요가 씨의 몫까지 걸어야 했으므로! 그날 우리는 무려 33킬로미터를 걸었다. 그런데 이번에는 신엄마 씨가 고통을 호소한다. 그녀의 발가락 역시 온통 물집투성이다. 그러나 물집 정도에 고통스러워할 그녀가 아니다. 너무 많이 걸은 탓에 복숭아뼈가 상한 것. 얼마나 아팠을까? 그러나 여기서는 방법이 없다. 그냥 응급처치 후 걷는 수밖에. 신엄마 씨는 숙소에 오자마자 그대로 침대에 쓰러져버린다. 으스스 몸을 떨면서! 몸살까지 겹친 것이다. 과연 신엄마 씨는 내일 일어나기나 할 수 있을까? 나는 이런저런 걱정에 좀처럼 눈을 붙일 수 없었다.

●여행스케치 4 남은 거리 100킬로미터에 희망이라니

신엄마 씨도 회복되고 배요가 씨도 합류했다. 다시 온전한 우리 팀의 카미노가 시작된 것이다. 그런데 오늘은 정말이지 억수같이 비가 쏟아진다. 우비도 옷도 다 뚫어버릴 기세다. 배낭은 물론 모든 것에 물이 배었으니 우리가 짊어져야 할 짐 무게는 두 배가 넘는다. 문득 이런 생각이 든다. 우리는 왜 이 고생을 하고 있는 것인지? 배요가 씨가 농담 삼아 "정말 집에 가고 싶다."라고 할 때 나도 정말 집에 가고 싶을 정도로 힘들었다. 힘들 때 집 생각나는 건 인지상정인가 보다.

"아자아자, 파이팅!"

신엄마 씨가 지친 우리들에게 오히려 파이팅을 외친다. 그래, 저 힘든 분이 힘내자는데 힘내야지! 그렇게 우리는 다시 힘을 내어 폭우 속을 뚫고 나아갔다. 한 무리의 백인 순례자들이 지나가며 "Don't worry, Be happy!"를 크게 외친다. 왜 즐거우냐고 했더니 오늘 같이 아름다운 날씨 때문이란다. 그때 옆 사람이 "이 사람 약간 미쳤어요." 라며 놀린다.

그래, 카미노 데 산티아고를 완주하기 위해서는 제정신보다는 약간 미쳐보는 것도 괜찮을 것 같아! 그렇게 생각하니 조금 힘이 났다. 그날 점심, 제작진이 선물이 있다며 우리에게 뭔가를 내밀었다. 컵라면! 아! 갑자기 눈물이 날 정도로 기뻤다. 느끼한 음식 가득한 이국 땅에서 얼마나 라면이 그리웠으면! 우리는 건더기는 물론 국물 한 방울 남기지 않고 그릇을 핥아 먹었다.

한국 라면을 먹고 나니 힘이 솟구쳤다. 한국 라면의 파워다. 이제 남은 거리는 100킬로미터. 갑자기 그까짓 100킬로미터라는 생각이 들었다. 100킬로미터면 아직 만만치 않게 남은 거린데 왜 이런 생각이 들었을까? 그건 '희망' 때문이었다. 100킬로미터 전까지 가물가물했던 희망이 100킬로미터 남은 지점에서 마침내 피어오른 것이다. 희한하게도 그렇게 괴롭히던 발 통증까지 사라져버린 듯했다. 희망의 파워란 이런 것이로구나! 몸에 변화까지 주는 것이로구나! 희망전문가가 산티아고에서 희망에 대해 한 수 배운 꼴이었다.

팀 전체에 희망이 피어오르자 분위기가 확 바뀐 듯했다. 신엄마 씨가 갑자기 통증을 호소하며 뒤처지자, 박사진 씨가 달려와 신엄마 씨의 아픈 발에 붕대를 감아주며 응급처치를 한다. 그리고 발에 체중을 싣지 말고 스틱에 체중을 싣고 걸으라고 충고해준다. 이에 신엄마 씨는 다시 힘을 내어 발을 내딛는다. 박사진 씨가 이번에는 여전히 부상 때문에 힘들어하는 배요가 씨의 배낭 짐을 자기 배낭으로 옮겨 담는다. 배요가 씨는 고마워 어쩔 줄을 모른다.

이런 분위기라면 이제 어떤 고난이 닥쳐도 산티아고데콤포스텔라에 도착하는 건 기정사실화된 것 같다.

고난 다음은 반드시 희망 – 사랑과 희망에 대하여

❦

인생길에서 고난은 변화를 이끌어내게 마련입니다. 고난이 힘들고 싫으니 그걸 뛰어넘으려면 변화할 수밖에 없기 때문입니다. 원시 인류는 비 맞는 것이 싫어서 우산을 만들었을 것이고, 이슬 맞고 자는 것이 싫어서 집을 지었을 것입니다. 즉 고난 때문에 변화한 것입니다. 이것은 여행길에서도 고스란히 증명되었습니다. 고난 후에 박사진 씨와 배요가 씨가 변화했으니까요.

하지만 변화하고 성장한다고 해서 방심하면 안 됩니다. 변화하고 성장한다고 고난이 멈추는 건 아니기 때문입니다. 단 변화하고 성장했을 때 같은 크기의 고난에 맞닥뜨려도 힘들고 싫은 마음이 전보다 훨씬 덜해질 것입니다. 받아들이는 마음자세가 달라진다는 것입니다. 그런데 여행길 후반으로 가면서 대원들의 체력이 고갈되고 부상자가 속출했던 것처럼 우리네 인생길에서도 그럴 가능성이 농후합니다. 고난의 인생길 가운데 몸까지 아프다면 이제 포기하고 싶은 마음이 찾아올지도 모르기 때문입니다. 이럴 때 우리는 어떻게 해야 할까요?

사랑이 아픔을 이긴다

몸이 아프거나 마음이 아플 때 인간의 마음에 뱀처럼 도사리는 것이 있습니다. 바로 불안, 공포, 절망입니다. 불안은 하고자 하는 일을 할 수 없을지도 모르는 마음입니다. 공포는 불안이 더 커진 상태의 마음입니다. 그리고 절망은 이제 포기하고 싶은 마음입니다. 이처럼 몸이 아픈 사람은 마음까지 깊은 나락으로 빠지게 마련입니다. 이런 상태에서 스스로 일어선다는 것은 쉽지 않습니다.

이렇게 아픈 사람에게 필요한 것은 무엇일까요? 바로 '사랑'입니다. 우리는 카미노 데 산티아고에서 그것을 배울 수 있었습니다. 우리 팀에 심각한 부상자가 발생했습니다. 배요가 씨! 만약 그녀가 이 부상으로 우리 여정을 포기한다면 그녀 개인으로도, 우리 팀으로도 큰 타격을 받을 수밖에 없습니다. 그래서 그녀에게 그래도 참고 걸으라고 했다면 어떻게 됐을까요? 결국 모두가 실패하고 말았을 것입니다.

사실 800킬로미터를 다 걷는다는 것이 커다란 의미는 없습니다. 어떤 순례자는 중간중간 걷기도 하고, 어떤 순례자는 100킬로미터만 걷기도 합니다. 마지막 구간 100킬로미터만 걸어도 순례자 완주 증명서를 발급받습니다. 그래서 이 길을 온전히 다 걸었다, 그렇지 않다는 것은 커다란 의미가 없습니다. 이 길에서 어떤 것을 내려놓고 어떤 것을 얻고 어떤 것을 깨달았느냐가 더 중요합니다.

제가 하는 강의 주제 중에 '주자'라는 강의가 있습니다. 행복한 인생의 비결이 '주자'에 있다는 것입니다. 먼저 주자, 휴식 주자, 웃음 주자, 들어 주자, 칭찬 주자 등 상대에게 내가 뭔가를 먼저 주려고 할 때 비로소 행복해질 수 있다는 내용입니다. 사랑이 바로 이런 것이라 생각합니다. 그런데 사랑에서 놓치지 말아야 할 것이 있습니다. 진짜 사랑은 너와 나를 남이라 생각하지 않고 한 가족처럼 생각하는 것이라고요. 만약 이렇게 생각할 수 있는 사랑이라면 이제 가족 중 한 명이 아프면 온 가족이 그 한 명을 위해 마음을 쓰게 됩니다. 누구는 그 한 명을 돌보는 일을 하게 될 것이요, 누구는 그 한 명이 아파서 하지 못하는 일을 대신할 수도 있을 것입니다. 가족이기에 가능한 것이지요. 이게 진짜 사랑입니다. 우리는 카미노 데 산티아고에서 함께 먹고 자고 걸으며 한 가족이 되었습니다. 그러니 걷지 못하는 배요가 씨를 대신하여 걸을 수 있었던 것입니다. 오직 사랑으로 말입니다.

우리네 인생길에서도 후반전이 되면 아픈 사람들이 속출하게 됩니다. 마음이 아픈 사람들도 있고 몸이 아픈 사람들도 있을 것입니다. 이때 그 아픈 사람들이 회복할 수 있는 최고의 방법은 '사랑'이라 감히 말할 수 있습니다. 물론 가족 같은 사랑입니다. 다행히 대부분의 사람들에게는 가족이 있습니다. 안타까운 것은, 가족은 있는데 진짜 사랑은 없는 가족이 점점 많아지고 있다는 데 있습니다. 그들을 위해 나는 함께 여행을 해보라 권하고 싶습니다. 여행에서 사랑을 배우고 회복할 가능성이 높기 때문입니다.

가족을 넘어서도 가족 같은 사랑을 나눌 친구가 필요합니다. 친구라는 존재의 본질 역시 사랑에 있는 것입니다. 아픔을 이길 최고의 방법이 사랑이라는 걸 깨달았다면 이제 그 사랑을 나눌 친구를 만들어보는 것은 어떨까요?

고난 다음은 희망이다

앞에서 고난+고난+고난=변화, 성장이라고 했습니다. 그렇게 성장하면 이제 어떤 현상이 일어날까요? 여기서 성장이란 물론 몸이 아닌 마음의 성장을 말합니다.

개그맨 김병만 씨가 〈개그콘서트〉에 출연하게 되었을 때의 이야기입니다. 이상하게도 연습할 때는 잘하는데 막상 무대 위로 올라가기만 하면 실수를 연발하며 NG를 내는 것입니다. 무대 울렁증 때문이었습니다. 어렵게 잡은 기회인지라 김병만 씨는 심하게 자책했습니다. 또 무대에 올라갔으나 여전히 실수를 했고, 이제 더 이상 기회가 주어지지 않을지도 모를 위기 상황에 처했습니다. 그 순간 김병만 씨는 기가 막힌 생각을 하게 되었습니다. '실수를 피할 수 없다면 그걸 웃음으로 한번 승화시켜보자!' 김병만 씨는 또 무대 위로 올라갔고 여전히 실수했습니다. 그때 김병만 씨는 당황하지 않고 그 실수를 일부러 낸 것처럼 능청스런 표정을 지어 보였습니다. 그러자 관객들이 웃긴다고 난리입니다. 그 후로 김병만 씨는 실수 앞에서 전혀 당황하지 않고 오히려 더 웃기는 개그맨이 되었습니다. 오늘날 '달인 김병만'은 이렇게 탄생한 것입니다.

김병만 씨의 예에서 우리는 성장이 무엇인지 알 수 있습니다. 좁은 생각이 넓고 깊어져서 사람들을 대하는 태도가, 세상을 대하는 태도가 달라지는 것입니다. 위기에서도 크게 흔들리지 않는 것입니다. 오히려 위기를 기회로 삼을 줄 아는 마음인 것입니다. 이렇게 성장을 경험하고 나면 자신에 대한 주위의 평가가 달라지게 됩니다. 우리의 여정에서 박사진 씨와 배요가 씨가 그랬던 것처럼 말입니다. 주위의 평가가 달라지니 이제 뭔가 할 수 있겠다는 희망도 생깁니다. 저는 강의에서 희망을 미래 기억이라 표현합니다. 즉, 인간의 뇌에는 미래에 대한 긍정적 기억도 프로그래밍되어 있는데 이게 바로 희망이라는 것입니다.

희망이 왜 중요하며 어떨 때 희망이 생길까요? 희망은 어떤 의미에서 '살아가는 이유'이기 때문에 중요합니다. 부모는 왜 자기 몸까지 던져가며 자식을 키우려 합니까? 자식에 대한 희망이 있기 때문입니다. 학생은 왜 공부합니까? 미래에 잘될 것이란 희망이 있기 때문입니다. 반대로 자식에 대한 희망이 없다면 부모는 몸까지 던져가며 자식을 키우려 하지 않을 것입니다. 미래에 잘될 것이란 희망이 없다면 학생도 더 이상 공부할 이유를 잃고 말 것입니다. 이처럼 희망은 살아가는 이유가 되기 때문에 중요합니다.

그렇다면 이런 희망은 어떨 때 생길 수 있을까요? 뭔가 길이 보일 때 비로소 생기기 시작합니다. 우리의 여정에서, 100킬로미터를 남기기 전까지 누구도 과연 우리 모두가 완주할지 자신할 수 없었습니다. 하지만 100킬로미터를 남겨두었을 때 놀라운 일들이 일어났습니다. 이제 할 수 있겠다는 자신감이 생긴 것입니다. 갑자기 없던 자신감이 왜 생겼을까요? 그것은 드디어 보이지 않았던 길이 보이며 희망이 생겼기 때문입니다. 보이지 않았던 길이 어떻게 갑자기 보이게 되었을까요? 이 역시 갑자기 하늘에서 뚝 떨어진 게 아닙니다. 그간의 고난+고난+고난……=변화+변화……=성장의 과정을 거치며 비로소 길이 보이고 희망이 생긴 것입니다. 우리도 700킬로미터라는 긴 여정을 지나오는 동안 이 과정을 훌륭히 완수했기에 비로소 희망이 생길 수 있었던 것입니다.

지금 힘들다고 포기하는 것은 어리석은 일입니다. 포기는 절망을 만들어내기 때문입니다. 하지만 포기하지 않고 고난을 일상으로 받아들이면(인정) 그 고난은 고난+고난+고난……=변화+변화……=성장의 과정을 거치며 결국 희망을 만들어낼 것입니다. 그리고 희망은 이제 살아갈 명확한 이유를 던져주기에 자신감을 만들어내어 무엇이든지 할 수 있게 해줄 것입니다. 그러므로 고난 다음은 희망이라는 생각으로 전진한다면 반드시 어떤 고난도 이겨내며 고지에 도달할 수 있을 것입니다.

09

↓

800킬로미터 여정의 끝,
산티아고데콤포스텔라 대성당 vs
드디어 인생길 끝에 왔으나
– 인생의 답, 성공에 대하여

○ 여행스케치 | 도착 3일 전, 엽서

이제 도착 3일 전이다. 아! 이런 날이 오다니. 혹시 꿈은 아니겠지? 박사진 씨와 배요가 씨는 집에 갈 준비를 하는 건지 빨래에 열중이다. 이 날씨에 마르지도 않을 텐데……. 그래도 빨래하는 걸 보면 설레기는 설레는 모양이다.

도착 3일 전, 나는 무엇을 해야 할까? 돌아갈 집이 있다는 게 이리 고마울 수 없다. 갑자기 이런 생각을 해보았다. 돌아갈 곳이 없는 여행이라면? 휴, 그건 끔찍한 일이다. 아무도 여행길에 오르지 않을 것 같다.

물론 박사진 씨는 예외. 여행 전반기에 그는 여행을 마치고 돌아가는 날이 가장 싫고 두려웠다고 했지. 다시 자신이 싫어하는 우리

속으로 들어가야 하니, 귀환이 그리도 싫다 했지. 하지만 지금의 박 사진 씨라면 나와 생각이 같지 않을까?

결국 우리는 도착 3일 전 기념으로 한국의 친구들에게 엽서를 쓰기로 했다. 배요가 씨는 친구에게 엽서를 쓴다고 했다. 신엄마 씨는 아들에게, 나는 아내와 아이에게 썼다. 이 고난의 여행길에서 뼈저리게, 끊임없이 가족의 소중함을 생각했다. 나에게 가족이 있다는 게 그리 고마울 수 없었다.

사랑하는 가족에게
30일 동안 산티아고 순례길을 걸으면서
사랑하는 가족이 얼마나 소중하고 감사한지 깊게 느끼고 있어요.
우리 서로 현재의 상황에 감사하고
처음처럼 늘 서로를 존중하고 격려하면서 살 수 있기를 기도해요.
그러면 앞으로도 지금처럼 따뜻하고 행복한 삶이 이어질 거예요.
사랑해요.
　　　　　　　　　　　　- 산티아고에서 사랑하는 남편과 아빠가

●여행스케치 2　멜리데의 특별식 풀포와 도착 하루 전 기예르모 와트 기념비

산티아고 여정이 거의 끝나가고 있다. 이제 걷는 것에 대한 두려움은 없어진 지 오래! 대신 희망과 기대감으로 잔뜩 부풀어 있다. 이기대에 부응하기 위함일까, 멜리데라는 작은 마을에 도착했을 때 우

끓는 물에 데친 문어 풀포

리를 위한 특별식이 기다리고 있었다. 일명 풀포! 스페인 갈리시아 지방의 특산물인 문어로 만든 요리다. 세계적으로 유명한 요리이며, 카미노 데 산티아고 때문에 더욱 유명해졌다고 한다.

식당으로 들어서자 문어 향이 확 코를 찌르며 저절로 입에 침이 고인다. 조리법은 매우 간단해 보였다. 그저 끓는 물에 데친 문어를 싹둑싹둑 잘라 올리브유와 매운 향신료를 뿌리면 끝! 나는 우리나라 참기름 소금 장에 찍어 먹는 문어 맛을 상상하며 한 점 입에 넣어보았다. 생각보다 느끼하지 않고 부드럽게 씹히는 문어 맛이 일품이었다(우리나라 참기름 소금 장 정도는 아니지만!). 그나마 지금까지 먹어본

고단한 눈례자 상

스페인 요리 중 가장 입맛에 맞기도 했다. 무엇보다 그동안 구경하기 힘들었던 해산물 요리인지라 우리는 허겁지겁 입에 밀어넣기 바빴다. 신엄마 씨는 몇 접시고 더 먹을 기세였다. 그동안 축났던 영양분을 한꺼번에 다 보충하는 느낌이었다.

우리는 풀포 먹은 힘으로 손쉽게 산티아고 30킬로미터 전 지점에 도착했다. 이곳에는 기예르모 와트 기념비가 있었다. 도착 하루 전 안타깝게도 이곳에서 숨을 거두었다는 기예르모 와트. 억울해도 이리 억울한 일이 있을까? 불과 30킬로미터를 앞두고! 여기에 그의 신발을 본뜬 청동 신발이 남아 있었다. 그 신발을 보며 기예르모 와트의 일이 비록 안타깝긴 하지만 그 역시 소중한 순례자 중 한 명이라는 동질감이 일었다. 내가, 우리가 기예르모 와트의 몫까지 걸어주면 그는 이미 완주한 것이나 마찬가지다. 그런 생각을 하니 가슴에서 작은 울림이 일었다.

⬤ 여행스케치 3 드디어 꿈에 그리던 산티아고데콤포스텔라

산티아고로 들어가기 10킬로미터 전쯤에 라바코야라는 시냇물이 있다. 중세부터 순례자들이 이곳에서 몸을 씻고 산티아고로 들어갔다고 한다. 우리도 이 시냇물에 손을 씻었다. 그리 맑은 물이 아닌데도 괜히 마음까지 깨끗해지는 느낌이 인다. 그때였다. 신엄마 씨가 "여기 좀 보세요?" 하기에 쳐다봤더니 갑자기 물장난을 쳤다. 졸지에 작은 물벼락을 맞았지만 기분은 유쾌했다. 이게 바로 희망 찬 사람들의 모습이라 생각되었으므로.

드디어 산티아고로 들어가는 우리 일정의 마지막 날이 밝았다. 신도 우리의 성공을 축하하는지 전날까지 검게 뒤덮었던 구름이 갑자기 사라졌다. 그리고 아름다운 산티아고의 일출이 떠오른다. 그것은 단지 일출이 아니라 태양과 지구가 빚어낸 우주 최고의 신비로움 그 자체였다.

그 신비로움을 간직한 채 우리는 드디어 저 멀리 산티아고데콤포스텔라 종탑이 보이는 곳에 이르렀다. 가슴이 뭉클했다. 단 한 명의 낙오자 없이 800킬로미터를 지나온 것이다. 그냥 800킬로미터가 아니라 온갖 비바람과 험악한 산악지대를 지나온 800킬로미터였다. 그 고통과 고난의 순간을 다 이겨내고 이제 최종 목적지를 눈앞에 두고 있는 것이다.

아! 야고보의 유해가 묻혀 있다는 산티아고데콤포스텔라가 시야에 나타났다. 산티아고데콤포스텔라는 우리를 반기듯 웅장한 자태로 서 있었다. 우리는 그 웅장함 앞에 서서 그만 울컥하고 말았다. 가슴이 벅차올라 무슨 표정을 지어야 할지, 무슨 말을 해야 할지 먹먹했다.

그 웅장한 위로 앞에 우리의 가슴은 터지지 않을 수 없었다. 벅차오르는 눈물이 터져 나오기 시작했다.

누구는 부둥켜안고 울고, 누구는 전화기를 붙들고 울고, 누구는

고난의 길을 완주한 뒤 활짝 웃는 순례자

광장 바닥에 하염없이 눈물을 떨군다. 발이 터지고 발톱이 덜렁거리던 그 아픔을 이겨내고 길을 완주했다는 안도감, 그리고 이제는 사랑하는 가족이 기다리고 있는 집으로 돌아갈 수 있다는 기쁨에 눈물이 주체할 수 없이 흐른다.

그 눈물은 깨끗한 감동이 녹아 있는 눈물이므로 세상에서 가장 아름다운 눈물이었다. 신엄마 씨는 과연 이 눈물에 가슴속 한을 씻은 것일까? 그녀는, 없어졌다고 말은 못하지만 내려놓은 것은 확실하다고 했다. 그것만 해도 성공이라는 생각이 들었다.

나는 이 여행에서 무엇을 깨달았는가? 이 여행 끝에 답이 있을 줄 알았는데 지금 이 순간 그 답이 무엇인지 잘 모르겠다. 단지 험한 길이 우리를 강인하게 만들어줬다는 것, 진한 감동, 우리 모두가 이제 삶터로 돌아가 다시 시작해야 한다는 것, 그것만이 명확할 뿐! 그리고 각자 인생의 답은 자신이 찾아야 한다는 것. 그것이 내가 이 여행에서 깨달은 것들이었다.

드디어 인생길 끝에 왔으나 –
인생의 답, 성공에 대하여

우리의 카미노 데 산티아고 800킬로미터 여정에서 인생길의 진리가 그대로 펼쳐졌습니다. 처음 출발할 때 나타났던 노란 화살표는 우리를 목표지점까지 이끌어준 최고의 안내자였습니다. 이것은 인생길을 끝까지 가기 위해 가장 중요한 것은 방향이라는 평범한 진리를 일깨웁니다. 도적들의 다리와 순례자들의 무덤은 아무리 정확한 방향으로 나아가는 인생길이라도 장애물이 있음을 암시합니다. 용서의 고개를 지나며, 용서하지 못하는 신엄마 씨와 우리의 모습을 보며 정말 용서가 인생길의 답인가 하는 부분을 생각하게 해주었습니다.

길을 잃는 경험을 통하여 인생길에서도 필연으로 겪어야 할 실수와 실패에 대하여 생각해볼 수 있었습니다. 200킬로미터 메세타 고난의 길을 통하여, 또 그때 우리 팀이 겪었던 심각한 위기를 통하여 인생길은 끝없는 고난 그 자체라는 평범한 진리를 다시금 되새기게 되었습니다. 도착 100킬로미터 전 갑자기 자신감이 솟구치는 경험을 통하여 고생 끝에 낙이 온다는 절대 진리를 되새길 수 있었습니다.

인생길 끝에는 답이 있을까

저는 이번 카미노 데 산티아고를 경험하면서 한 가지 착각한 게 있었습니다. 800킬로미터 여정을 마치면 뭔가 답이 있을 거라고 착각한 것입니다. 저 역시 아직 용서하지 못하는 사람이 있습니다. 그렇다고 신엄마 씨처럼 아주 원한에 맺힌 정도의 원수는 아닙니다. 그런데 산티아고데콤포스텔라 앞에 설 때까지도 그가 용서되지 않더라고요.

저는 물론 다른 사람들도 뭔가 답을 구하려고 이 여정에 나섰을 것입니다. 하지만 그들 역시 답을 찾은 것 같지는 않아 보였습니다. 우리네 인생길에서도 인생의 답을 구하려는 사람들이 많습니다. 그들 중 누구는 이게 답이네, 저게 답이네 하면서 책도 내고 강연을 하기도 합니다. 그런 책들을 읽어보거나 강연을 들어보면 그럴듯하긴 한데 뭔가 모자라 보입니다. 100퍼센트 동의되지 않는 것입니다. 왜 이런 현상이 생기는 것일까요?

제가 이번 여행에서 비록 답을 구하진 못했지만 크게 깨달은 것이 있습니다. 여행길에서 끝은 없다는 것입니다. 여행이 끝나더라도 다시 집으로 돌아가야 하지 않습니까. 그리고 일상을 살다가 사람들은 다시 답답함을 느끼고 여행을 떠납니다. 우리네 삶은 이게 계속 반복되는 것이죠. 그런 면에서 여행의 끝은 끝이 아니라 일상의 과정에 있는 일부분일 뿐입니다. 그런데 한 번의 여행에서 답을 구하려 하다니요. 출발부터가 잘못된 생각입니다.

인생길도 마찬가지라고 생각합니다. 인생길의 답을 구하려는 사람이 아무리 답을 구했다 해도 그게 마음에 안 드는 사람은 그 답을 수정하게 마련입니다. 즉, 인생길의 답도 완전한 정답은 있을 수 없다는 이야기입니다. 용서 문제 하나만 하더라도, 많은 사람들은 용서가 답이라 생각하지만 영화 〈오늘〉의 예를 들었던 것처럼 어떤 경우 용서가 해가 될 수도 있는 것입니다. 이처럼 인생에서 "이게 정답이요." 외치는 것은 위험한 행동이 될 수 있습니다. 그 대신 "내가 생각할 때 이런 경우에 이게 최선의 방법이었습니다."라고 하는 것은 겸손한 표현이 될 수 있겠지요. 그런 면에서 인생길의 답은 여러 솔루션들을 참고하되 자신의 마음속에서 찾는 게 맞다고 할 수 있을 것입니다.

성공에 대한 개념도 바뀌어야

산티아고 여행길에서 800킬로미터를 완주한 사람에게 완주 인정 도장을 찍어줍니다. 성공의 표시라고 할 수 있겠지요. 그런데 문득 이런 생각이 들었습니다. 왜 사람들은 그토록 이 도장에 목매는 걸까요? 만약 800킬로미터를 완주하지 못하고 중간에 돌아간 사람은 실패한 것일까요? 만약 무조건 800킬로미터를 빠짐없이 완주해야 성공이라는 딱지를 붙일 수 있다면 이건 또 하나의 굴레가 될 수밖에 없습니다. 사람들은 행복해지려고 이 여행에 나선 것인데, 굴레가 그 행복을 갉아먹어버리는 결과를 초래하고 만다는 것입니다.

사람들은 각자의 이유 때문에 이 여행에 나섭니다. 행복이 될 수도 있겠고, 버림이 될 수도 있겠고, 채움이 될 수도 있을 것입니다.

만약 이 여행을 통하여 그 이유가 어느 정도 해결되었다면 그의 여행은 이미 성공입니다. 혹 800킬로미터 완주를 못 하더라도요. 800킬로미터 완주가 꼭 성공이어야 하는 사람은 이 여행의 목적과 목표가 그것일 때 그렇게 이름 붙여야 하는 것입니다. 그래서 많은 사람들이 100킬로미터, 300킬로미터 등 자신의 기준에 적합한 일정한 거리의 산티아고 순례길을 걷고 있는 것입니다.

우리네 인생길도 마찬가지라고 생각합니다. 우리 사회는 이미 성공의 틀을 딱 정해놓은 듯합니다. 돈, 명예, 지위의 성공입니다. 이세 가지 중 하나에 우뚝 올라야 비로소 성공이라 칭해주는 것입니다. 그런데 과연 이게 진정한 성공의 의미일까요? 안타깝게도 요즘 우리는 돈, 명예, 지위의 성공 고지에 올랐다가 그대로 추락하는 사람들의 이야기를 하루가 다르게 접하고 있습니다. 그런데도 사람들은 기를 쓰고 그 성공 고지에 오르려 안달을 하고 있습니다. 하지만 이런 세상의 성공 고지에 오를 수 있는 사람은 전체의 1퍼센트도 되지 않는다는 사실을 기억해야 합니다. 그러면 나머지 99퍼센트는 늘 만족하지 못한 채 불행하게 살아야 합니까? 이건 사회가 정해놓은 성공의 굴레가 만들어놓은 커다란 모순이라 하지 않을 수 없습니다.

여행길에서 각자 다른 목적으로 여행길을 걷는 것처럼 인생길도 각자 다른 꿈을 가지고 인생길을 걷습니다. 여행길에서 그 목적을 이루면 성공적인 여행인 것처럼 인생길도 그 꿈을 이루면 이미 성

땅끝의 눈례자

공인 것입니다. 비록 최고의 자리에 오르지 못하더라도 말입니다.
만약 우리 사회의 성공 개념이 이렇게 수정될 수만 있다면, 아마도
우리 사회에 성공하는 사람과 행복해지는 사람은 더욱더 많아지지
않을까요? 이것이 카미노 데 산티아고에서 깨달은 저의 성공 개념
입니다.

땅의 끝 대서양 - 모든 길은 여기에서 끝난다

인 생 길 다 큐 제3부 ----------->

파울로 코엘료처럼,
나도 깨달음;
인생길 완주의 9가지 원칙

CAMINO DE SANTIAGO

당신은 단 한번이라도 당신의 숙명에 대적해 본적이 있는가?
진정한 비극의 주인공은 살면서 일생일대의 분투를 준비하지 않은 사람,
자기 능력을 발휘하지 않은 사람,
자신의 한계에 맞서지 않은 사람이다.
떠남으로써 변화를 시도하라.
— **아널드 베넷**

 저는 카미노 데 산티아고를 걸으면서 이것이 꼭 인생의 축소판 같다는 생각을 했습니다. 실제 산티아고를 걸은 많은 사람들이 이 말을 하고 있기도 합니다.

 산티아고 순례길은 프랑스와 스페인이 국경인 론세스바예스에서 시작해서 야고보의 유해가 묻힌 산티아고데콤포스텔라까지 가는 800킬로미터의 길입니다. 모두 포기할 뻔했던 위기를 극복하면서 우여곡절 끝에 여정을 끝내고 나니 그런 생각이 들었습니다.
 '아, 이 길도 언젠가는 이렇게 끝이 나는구나. 그런데 나는 몰랐지만 이렇게 먼 길도 안전하고 의미 있게 완주하는 원칙이 있을 수 있

카미노 데 산티아고 – 산티아고 가는 길은 부산에서 신의주 가는 거리와 맞먹는다

겠구나.'

그래서 한국에 돌아와서 '산티아고 순례길은 끝났지만 아직 남아 있는 것이 인생길이다. 산티아고 순례길을 걸어본 경험으로 인생길을 완주하는 원칙을 만들어보자.'는 생각을 하고 '인생길 완주의 9가지 원칙'이라는 주제를 만들었습니다. 그중 첫 번째가 '떠남'입니다.

 일단 떠나라

현실에서 얻지 못해 답답한 게 있다면 어떻게 해야 할까요? 그때

는 일단 떠나야 합니다. 그래서 많은 사람들은 여행을 그리워하는 것입니다. 그런데 떠나고 싶어도 떠나는 게 쉽지 않은 게 우리 현실입니다. 산티아고 순례길 떠나는 것도 마찬가지였습니다.

지금 어떻게 떠나?

일은 어떻게 하고?

애들은 누가 보고?

그런데 순례길 도중에 참으로 대단한 가족을 만났습니다. 다섯 명의 꼬마 자녀를 둔 독일인 젊은 부부 가족. 그중 막내는 코흘리개 꼬마였습니다. 아빠는 조그마한 특수 리어카에 이 대가족의 짐을 싣고 큰아들과 앞장서서 언덕길을 힘겹게 오릅니다. 이 독일인 가족은 5년 계획으로 1년에 2주씩 800킬로미터의 순례길을 나눠 걷고 있으며, 이번에는 완주가 목표라고 했습니다. 마지막 100킬로미터 구간에서 이 가족을 만났습니다. 물론 처음 출발할 때는 일곱 명이 함께 온 건 아닙니다. 5년 전에는 첫째만 데리고 출발하고, 그 이듬해에는 둘째, 이렇게 매년 한 명씩 늘어나면서 이번에 일곱 명 모두가 이 길을 완주할 것이라는 겁니다. 아마도 지금 꼬마 순례자들은 영문도 모른 채 이 길을 걷고 있겠지만 나중에는 매우 소중한 추억이 될 것이 분명합니다.

저녁에 카페에서 이 가족을 또 만났습니다. 꼬마 순례자들에게 과자를 선물했더니 엄청 좋아했습니다. 혼자도 걷기 힘든 길을 일

독일인 가족

곱 명이 함께 도전한다는 것은 상상하기 어려운 일입니다. 그러나 이 부부는 여러 가지 제약을 물리치고 떠났기에 이제 산티아고를 눈앞에 둘 수 있었을 것입니다.

만약 우리에게 애가 다섯 명 있다면 이 길을 떠날 수 있을까요? 천만에, 엄두도 못 낼 겁니다. 한 명이 있어도 마찬가지겠죠. 학교는 안 보낸다고 쳐도 학원 때문에 쉽지 않습니다.

현실에 있으면 현실밖에 보지 못합니다. 현실에서 얻지 못한 답을 얻기 위해서는 일단 떠나야 합니다. 연합뉴스 TV에서 5부작 다큐멘터리 촬영 제안을 받았을 때 걱정과 두려움은 한 달을 어떻게 비우냐 하는 현실적인 우려들이었습니다.

방송 한 달간 펑크, 그에 따른 금전적인 손실, 과연 800킬로미터를 완주할 수 있을까 하는 현실적인 우려들 말입니다. 걷기 싫어하고 기껏 해봐야 골프 라운딩 때 잔디밭 걸은 것이 전부인데, 매일 하루에 7~9시간 동안 25~35킬로미터를 어떻게 걸을 것인가? 더구나 배낭을 메고 발가락 물집, 부상은 또 어쩌고? 그러나 저는 결국 떠났고 떠났기 때문에 완주할 수 있었습니다.

문제의 답을 구하고 싶다면 먼저 떠나야 합니다. 떠나지 못하는 이유는 바쁘기 때문일 것입니다. 바쁘다고요? 무엇 때문에 바쁜가요? 약속, 업무, 일상의 일들······.

산티아고 순례길에서 만난 사람들은 대부분 직장을 그만두고 떠나거나, 학교를 휴학하고 떠난 사람들이었습니다. 또 생을 얼마 남겨 놓지 않고 떠나온 사람도 있었습니다. 그들은 바쁜 일 정도가 아니라 생업을 접고 이 길을 걷고 있는 것입니다. 제가 경험했듯이 그들은 분명 산티아고 순례길 완주를 통하여 여러 면에서 다른 사람이 되어 있을 겁니다. 떠남을 통해서 무엇인가를 얻게 되기 때문입니다.

꼭 산티아고가 아니어도 좋습니다. 제주도 올레길일 수도 있고, 백두대간 종주일 수도 있고, 해변을 따라 걷는 길일 수도 있으며, 자신의 내면을 향한 여행일 수도 있습니다. 떠나지 않으면 볼 수가 없습니다.

Talk 2. 어제에 떠밀려 오늘을 사는 사람들

사람들은 대부분 어제에 떠밀려서 오늘을 살아내고 있습니다. 어제처럼 오늘을 살고 있는 것이죠. 물론 자신의 잘못이 아니라고 할 수 있습니다. 먹고살기 어려운데 어떻게 돈을 구하고 시간을 내나?

하지만 인생의 긴 여정에서 보면 여행의 날수는 지극히 짧은 시간입니다. 저를 보십시오. 처음에는 걱정하던 날이 엊그제 같은데 벌써 그 길을 다녀와 지금은 산티아고 순례길을 주제로 강의를 하고 있고, 방송을 했으며, 책까지 쓰지 않았습니까. 30일의 시간도 지나고 나서 보면 결코 긴 시간이 아닙니다. 인생의 긴 여정에서 보면 매우 짧은 순간에 불과합니다. 생각해보면 우리는 못 떠나는 것이 아닙니다. 안 떠나는 것입니다.

매일처럼 하루를 살지만, 목적과 방향 없이 사는 건 사는 게 아니라고 생각합니다. 내게 주어진 소중한 시간을 그냥 소비해버리는 것입니다. 삶은 그냥 소비하라고 주어진 것이 아닙니다. 내 것이니까 살아내라고, 만들어가라고 내게 주어진 것입니다. 더구나 우리 삶은 마감 시간도 정해져 있습니다. 지나면 끝입니다. 바꿀 수도 버릴 수도 없는 것이 우리 삶입니다.

그런데도 사람들은 대부분 지나면 후회하는 삶을 살고 있습니다. 삶이 끝나는 순간 후회를 남기지 않을 수만 있다면 얼마나 아름다운 삶일까요? 오래 전에 KBS 〈아침마당〉에서 만나 함께 방송한 안

선효 작가의 메일에 이런 인생의 아쉬움이 묻어나 있습니다.

교수님, 잘 지내시죠?

제가 먼저 연락드려야 하는데, 늘 한 발 늦습니다.

요즘은 다음 메일을 잘 사용하지 않고, 지금 메일 보내드리는 핫메일을 주로 씁니다. 핫~하게 살려고 노력하다 보니 그리 되었네요^^

그래서 메일을 늦게 읽고, 지금에야 답변드림을 용서하세요.

그렇지 않아도 연말에 교수님을 뵈어야 하는데 연락드리지 못해 죄송한 마음을 품고 있었습니다.

방송이 얽혀 있어서 송년회 약속도 거의 지키지 못하고 일을 했습니다. 저희 일에서 제 스케줄은 중요치 않더라고요. 편성표가 더 중요하더라고요.

교수님 홈피 들어가서 산티아고 다녀온 걸 보면서 많은 생각에 잠겼었는데, 강의를 이렇게 멋지게 준비하시다니 기대가 됩니다.

그렇지 않아도 얼마 전에 길병원에 취재 갔다가, 홍보 팀에 송 교수님과 패밀리라고 했더니 굉장히 반가워해 주시더라고요~

제가 교수님을 대신해서 최근에 산티아고 다녀오셨다는 이야기를 전해드렸습니다. 좋은 자리, 좋은 곳에서 저는 교수님을 자랑하렵니다. 좋은 곳에서 강의 많이 하시고, 올해도 좋은 일만 가득하시길 기원합니다.

새해 첫날인 1월 1일, 저희 프로그램인 〈EBS 명의〉에 출연하셨던 교수님의 부음을 갑작스럽게 들었습니다. 모 병원장이셨던 분인데, 그날까지도 환자 수술에 진료까지 다 하시고 저녁에는 연말 회식 마치고 집에 돌아오는 길에 심장마비로 돌아가셨다는 겁니다.

한동안 정신이 멍했습니다.

제가 방송한 분은 아니었는데, 어떤 인연이었는지 여러 차례 식사자리를 함께했던 교수님이셨습니다. 연말이면 마니또 게임을 했는데, 제가 사간 선물을 뽑고 어디에 쓰는 물건이냐 묻기도 하셨었는데……. 평소엔 엄격한 분이셨지만, 참으로 자상한 속내를 지닌 그런 분이었습니다.

그분을 마지막으로 뵈었을 때, 그런 이야기를 하셨습니다. 평생 병원에 묶여 있어 학회 외에는 어딜 가보지 못했는데 은퇴하고 나면 산티아고를 가고 싶다고……. 그리고 세상을 돌아다니며 의료 봉사도 하고 싶다고……. 교수님 영정 앞에 놓인 《명의》 책을 보는데 눈물이 흘렀습니다. 올 한 해를 계획하며 많은 생각을 하게 되는 순간이었습니다.

지금 행복하지 않으면 앞으로도 행복할 수 없고,
지금 하지 않으면 앞으로도 할 수 없다는 것…….
그래서 내일을 생각하며 계산하기보다 오늘 조금 더 행복해지기로 했습니다.

말이 길어졌습니다.
산티아고…… 저도 언젠가는 꼭 한 번 걸어보려고요~
또 다른 이야기는 뵙고 나누도록 하지요.
교수님, 시간 내주세요^^
새해 복 많이 받으시고요~~

– 안선효 작가

 **Talk 3. 떠나야 볼 수 있다**

떠나야 합니다. 떠나야 볼 수 있습니다. 낯익은 것의 저주, 경험의 저주에서 벗어나려면 떠나야 합니다. 떠나면 새로운 나를 만날 수

있습니다. 새로운 나를 만나야 경쟁력이 생깁니다. 어제는 이미 죽은 것입니다. 죽은 어제에 매달려 있다면 당신도 이미 죽은 것입니다. 꿈을 이룬 사람들은 다른 사람들이 한계라고 설정했던 것들에 도전해서 현실로 만든 사람들입니다.

어느 늦가을, 야생오리들이 어느 집 농장에서 큰 잔치를 벌였습니다. 혹한을 피해 멀리 남쪽으로 날아가기 전 마음껏 곡식을 먹고 힘을 축적하려는 것이었습니다. 이튿날, 출발할 시간이 되었습니다. 그런데 한 오리가 다른 오리들은 출발하는데 그대로 농장에 남아 있었습니다.

'이 곡식들은 너무 맛있군. 나는 조금 더 먹고 떠나야지.'

그 오리는 그런 생각을 하며 홀로 남았습니다. 처음에는 딱 하루만 더 있으려고 했으나 곡식이 너무 맛있어 그만 시간 가는 줄을 몰랐던 것입니다.

'조금만 더 있다가 따뜻한 남쪽으로 떠나야지. 조금만 더, 조금만 더……'

오리는 그런 생각을 하며 곡식 먹기에 정신이 없었습니다.

곧 차가운 겨울바람이 불어왔습니다.

'이제 떠날 때가 되었군. 추위를 견딜 수 없군.'

오리는 그제야 날개를 펼치고 힘껏 날아올랐습니다. 그러나 살이 너무 쪄서 날아오를 수가 없었습니다. 오리는 하는 수 없이 평생 집

오리로 살아갈 수밖에 없었습니다.

덴마크의 실존주의 철학자 키르케고르가 들려준 한 오리에 관한 이야기입니다.

당신은 현실에 만족할 수도 있고, 그렇지 않을 수도 있습니다. 만족하든 그렇지 않든 오늘의 당신을 만든 것은 어제의 당신입니다. 그리고 당신의 내일은 당신의 오늘이 만들어내는 것입니다.

예컨대 오리처럼 안락함에 길들여지면 계속 그 상태를 유지하고 싶은 관성이 생깁니다. 이른바 현실에 안주하는 것이지요. 혹시 당신도 현실의 안락함에 안주하고 있다면 빨리 빠져나와야 합니다. 오래 머물다가는 영원히 날 수 없는 집오리 신세로 전락할 수 있기 때문입니다.

스스로 나오지 못한다면 물리적으로 나오게 하는 방법도 있습니다.

콜로라도 계곡에서 서식하는 독수리는 날카로운 가시가 돋친 쇠꼬챙이처럼 단단한 나무에서 가지를 물어와 둥지를 만든다고 합니다. 그래서 둥지를 지을 때 새끼들이 찔리지 않도록 가지를 잘 포갠 다음에 나뭇잎, 깃털, 풀을 켜켜이 쌓아 부드럽게 만듭니다. 그러나 새끼들이 독립할 때가 되면 어미 독수리는 그 부드러운 나뭇잎과 깃털 따위를 치워버립니다. 그리고 가시에 이리 찔리고 저리 찔리던 새끼들이 참다못해 둥지 밖으로 기어 나갈 때를 기다립니다.

일단 새끼들이 둥지 밖으로 탈출하는 데 성공하면, 어미는 새끼를 벼랑 끝으로 유인합니다. 마침내 새끼들이 벼랑 아래로 수직 낙하하면, 어미는 쏜살같이 내려가 물어 올리고 다시 떨어뜨리기를 반복합니다. 그렇게 하다 보면 공중에 떨어지는 데 대한 공포심을 극복하게 되고, 마침내 새끼 독수리는 하늘의 제왕답게 큰 날개를 펴고 비행하는 법을 배우게 되는 것입니다.

당신의 삶이 정체되어 있다면 주저하지 말고 둥지를 떠나십시오. 둥지의 안락함과 익숙함에 젖어 변화를 두려워한다면 낙오자가 될 수밖에 없습니다.

Talk 4. 메멘토 모리, 카르페 디엠

순례길 중간에는 순례자의 무덤을 자주 볼 수 있습니다. 순례길을 걷다가 죽은 사람들을 묻는 무덤입니다. 저도 여러 번 묻힐 뻔했습니다.

절대묵언을 지켜야만 하는 트라피스트 수도원에서 수도승들에게 허용된 단 한 가지의 말은 '메멘토 모리memento mori'였다고 합니다. 메멘토 모리는 '자신의 죽음을 기억하라.', '너는 반드시 죽는다는 것을 기억하라.', '네가 죽을 것을 기억하라.'라는 뜻의 라틴어입니다. 과거 로마의 전쟁영웅이 개선행진을 할 때 반드시 외쳐야 했던 말도 메멘토 모리였습니다.

순례자의 무덤

사람은 한 번은 죽습니다. 우리는 마치 영원히 살 것처럼 오늘을 살지만 내일은 우리에게 주어지지 않을 수도 있습니다. 오늘이, 지금 이 순간이 마지막 순간일 수 있습니다. 시간은 삼 단계로 구분되어 있습니다. 과거, 현재, 미래입니다.

과거는 내가 살았던 시간이지만 바꿀 수 없습니다. 인간이 과거를 바꿀 수 있다면 인간은 신이 되었을 것입니다.

미래는 오지 않았습니다. 영원히 오지 않을 수도 있습니다. 우리 중에 누군가는 올해 크리스마스이브를 못 만날 수도 있습니다. 우리는 누구나 그것을 알죠. 그러나 누구나 한 단계 더 생각합니다. '그렇긴 하지만 나는 아닐 거야.' 당신이 아니라는 사실을 100퍼센트 보장할 수 있을까요? 천만에요. 누구도 그것을 보장할 수 없습니다. 그래서 미래는 알 수 없는 것입니다.

오로지 현재만이 인간이 선택하고 행동할 수 있습니다. 그래서 죽음을 기억하는 것은 삶을 포기하는 것이 아니라, 역설적으로 현실을 더 열심히 살게 하는 힘을 가져다줍니다. 우리가 죽을 것이라는 유한한 존재임을 기억한다면 다시 오지 않을 오늘을 충실하게 살아갈 수 있을 것이기 때문입니다.

저는 이 길을 걸으면서 끊임없이 삶과 죽음에 대해서 생각해보았습니다. 산다는 것은 무엇이고, 죽는다는 것은 무엇인가? 죽음은 우리에게 어떤 변화를 가져다줄 것인가? 이렇게 죽음과 관련된 자료를 찾던 중에 놀라운 자료를 하나 발견했습니다.

1907년 미국 매사추세츠 병원의 의사 던컬 맥두걸은 놀라운 실험에 착수했습니다.

"영혼의 무게를 재보자!"

임종 직전 환자 다섯 명이 숨을 거둘 때까지 약 네 시간 동안 몸무게 변화를 기록한 결과, 다섯 명의 환자가 모두 사망한 그 순간 약 21~24g의 몸무게가 줄었다고 합니다. 100년 후 스웨덴의 한 연구팀이 컴퓨터 제어장치로 그 실험의 진위를 검증해본 결과, 역시나 임종할 때 환자의 체중이 21.26214g 줄어든 것으로 밝혀졌습니다. 영혼의 무게는 21g인 셈입니다.

만약 어느 날 갑자기 내 몸에서 영혼이 빠져나가버린다면 그 순간 무엇이 가장 후회될까요? 그렇습니다. 왜 좀 더 열심히 살지 못했나 하는 마음일 것입니다. 오늘이 마지막인 것처럼 사랑하고, 오늘이 마지막인 것처럼 일하고, 오늘이 마지막인 것처럼 살아야 합니다.

우리의 삶이 오늘이 마지막일 수 있다는 것을 기억하면 그다지 중요하지 않은 일상의 잡다한 일들, 번잡한 일들의 성가심으로부터 해방될 수 있습니다. 내일을 기대하고 희망을 품는 것은 아름다운 일이나 단순한 희망만으로 오늘을 소일하는 것은 내 인생에 대한 지능적인 자기기만입니다.

주변에서 평소에 아무 준비도 안 하고 있다가 은퇴하는 사람들을 보면 당황스런 말을 합니다.

"난 은퇴하지 않을 줄 알았어. 은퇴는 남의 얘기일 줄 알았지. 난 다음 인사에서도 살아남을 줄 알았지."

천천히 끓는 냄비 속의 개구리처럼 스스로를 천천히 죽이고 있는 것입니다. 대부분 이런 착각 속에 살고 있는 현대인들에게 전하고 싶은 말이 바로 '메멘토 모리'입니다. '인간은 유한한 존재이니 오늘에 몰입하고 치열하게 살아내라'는 말입니다.

오래 전에 감동 깊게 보았던 영화 〈죽은 시인의 사회〉가 있습니다. 백 파이프 연주단을 앞세우고 교기를 든 학생들이 강당에 들어서면서 1859년에 창립된 명문 웰튼 고등학교의 새 학기 개강식이 시작됩니다. 이 학교 출신인 키팅 선생(로빈 윌리엄스 분)이 영어 교사로 부임합니다. 그는 학생들에게 책상 위에 올라서게 해서 다른 각도로 세상을 보라는 등 파격적인 수업 방식으로 오늘을 살라고 역설하며 참다운 인생의 눈을 뜨게 하는데, 그때 나온 대사가 '카르페 디엠carpe diem'입니다. 카르페 디엠은 '지금을 즐겨라.'라는 뜻입니다. 과거는 이미 지나가버렸으니 바꿀 수 없고, 미래가 중요한데 그 중요한 미래를 준비하기 위해서는 현재에 충실하고 나머지 결과는 신에게 맡긴다는 의미입니다.

이 말은 원래 호라티우스가 쓴 라틴어 시에 나옵니다.

"Carpe diem, quam minimum credula postero/ 현재를 즐겨라. 미래에는 최소한의 기대만 걸어라."

메멘토 모리와 카르페 디엠을 합하면 '사람은 한 번은 죽으니, 그 죽음을 기억하고 현재를 즐겨야 한다'는 의미로 해석할 수 있습니다. 어제와 같은 하늘은 없습니다. 어제와 같은 바람도, 어제와 같은 구름도, 어제와 같은 태양도, 어제와 같은 나무도, 어제와 같은 풀도, 어제와 같은 꽃도 없습니다. 오늘의 하늘, 오늘의 바람, 오늘의 구름, 오늘의 태양, 오늘의 나무, 오늘의 풀, 오늘의 꽃만 있을 뿐입니다.

우리에게 할당된 시간도 그러합니다. 어제는 흘러 지나가서 뛰어가 잡을 수 없고, 내일은 오지 않아서 어떤 시간이 될지 미루어 짐작할 수 없습니다. 오로지 지금만이 내 시간일 뿐입니다. 내가 무엇인가를 하려면 지금밖에는 기회가 주어지지 않는 것입니다.

당신의 현재를 즐기시기 바랍니다. 가고 싶은 곳이 있으면 지금 그곳으로 떠나고, 고백할 말이 있으면 지금 고백하고, 결심한 일이 있으면 지금 행동해야 합니다. 내일은 당신의 것이 아니기 때문입니다.

오늘이 인생의 마지막인 것처럼 치열하게 오늘을 살아내면 우리에게 내일은 선물처럼 다가올 것입니다. 치열하게 오늘을 살아낸 사람만이 내일을 내 것으로 만들 수 있기 때문입니다. 내일을 잡는 방법은 간단하고도 의미 있습니다. 오늘을 놓는 것입니다. 오늘을 놓아야 내일을 잡을 수 있습니다. 오늘을 놓지 않으면 내일을 잡을 수 없습니다. 오늘을 치열하게 살아낸 사람은 내일이라는 선물을 맞이하지만, 그렇지 못한 사람은 이미 어제가 되어버린 오늘에 매달려 있는 것입니다. 놓지 못하는 것이죠. 그런 사람의 오늘은 이미 죽은 것입니다.

타잔은 연약한 인간의 몸으로 태어나서 사자와 표범이 우글거리는 정글의 왕자가 되죠. 어떻게 나약한 인간의 몸으로 밀림에서 사자나 표범의 밥이 되지 않고 살아남아서 밀림의 왕자가 됐을까요? 치타가 도와줘서 그럴까요? 코끼리가 도와줘서 그럴까요?

아닙니다. 타잔의 생존 비밀은 줄타기에 있습니다. 사자가 쫓아오면 줄을 타고 날아가서 위기를 피하죠. 그러나 줄타기의 핵심은 줄놓기입니다. 사자가 쫓아오면 줄을 타고 날아가서 새 줄을 잡죠. 놓기가 아까워서 두 개의 줄을 모두 잡고 있다면 타잔은 어떻게 될까요. 당연히 떨어져서 사자의 밥이 되었겠죠.

그렇습니다. 새 줄을 잡으려면 잡았던 줄을 놓아야 합니다. 잡았던 줄을 놓지 않으면 새 줄을 잡을 수 없는 것입니다.

저도 그랬습니다. 한국에서 30일간의 일정이 아까워서 놓지 않았더라면 제 인생에서 산티아고 순례길 30일은 잡을 수 없었을 것입니다. 아깝고 힘들었지만 한국이라는 줄을 놓았기 때문에 산티아고라는 줄을 잡을 수 있었던 것입니다.

마찬가지로 오늘을 놓아야만 내일을 잡을 수 있습니다. 오늘이 아까워서 놓지 않으면 내일을 잡을 수 없습니다. 당신도 무엇인가 새로운 것을 성취하고 싶다면 현재 당신이 갖고 있는 익숙한 것들을 놓아야 합니다. 익숙하고 편안한 것들을 놓지 않는다면 새로운 것을 잡을 수 없습니다.

그러나 오해는 하지 마십시오. 당신이 오늘을 놓는다고 반드시 내일을 잡을 수 있는 것은 아닙니다. 잡지 못할 수도 있습니다. 아니, 잡지 못할 확률이 훨씬 높습니다. 그러니 억울해하지 마십시오. 그러면서 그 과정을 즐길 것을 권합니다. 즐길 때 아름답고 의미 있는 이 단어를 기억하시기 바랍니다.

메멘토 모리, 카르페 디엠.

죽음을 기억하고 현재를 즐기세요. 오늘을 놓고 내일을 잡는 것을 즐겨보세요. 그 시간 또한 그리 길지 않습니다. 언제까지 이어질 것 같은 우리의 인생도 반드시 끝날 때가 있습니다. 인생은 끝이 있습니다.

카르페 디엠을 외치던 로빈 윌리엄스도 지금은 이 땅에 없습니다. 안타깝게도 스스로 자신의 목숨을 거두고 말았죠. 맞습니다. 삶은 참으로 덧없음이 맞습니다. 현재를 즐기라고 외치던 그가 스스로 목숨을 끊었다는 사실을 보면 더욱 그렇습니다.

Talk 5. 놓아야 새로운 것을 잡는다

한번은, 부산 강의를 다녀오면서 KTX 영화 칸에 탔습니다. 〈앵그리스트맨〉이 상영되고 있었습니다. 고(故) 로빈 윌리엄스의 유작입니다. 그는 2014년 8월 63세의 나이로 우울증을 겪다가 갑자기 스스로 세상을 떠났습니다.

영화 속 주인공은 괴팍한 성격의 조울증 환자로 세상에 대한 불만투성이의 인물입니다. 큰아들을 잃고 분노에 찬 삶을 살고 있죠. 병원에서 진료를 받던 중 의사를 몰아붙이다가 역시 스트레스 100퍼센트였던 여의사가 홧김에 거짓말로 내뱉은 '당신은 90분 후에 죽는다'는 통보를 듣고 거리로 뛰쳐나가 90분 후에 죽기 전에 무엇을 할지 생각하면서 겪는 좌충우돌의 이야기가 주요 스토리입니다.

남은 90분 동안 소원했던 아내, 아들 등 가족과 함께 보내면서 사죄하고 싶었지만 가족은 그의 마음을 몰라주고 차갑게 대할 뿐이었죠. 그렇게 영화에서도 그는 죽습니다. 죽기 전에 마지막에 그런 대사를 남깁니다.

"언제 죽을지 그때를 알면, 모든 걸 제쳐두고 행복을 찾아가는 일을 할 거다."

그가 남긴 마지막 대사입니다.

이 영화는 우리가 살고 있는 이 시간이 얼마나 소중한 가치를 지니고 있는지를 얘기합니다.

사실 조금만 관심을 갖고 본다면 우리의 삶은 그야말로 경이롭고 감사한 것입니다. 문제는 경이롭고 감사하다는 그 사실을 주인공처럼 죽음을 90분 남겨놓고 깨달을지, 아니면 지금 이 순간부터 깨닫고 소중히 살아갈지는 모두 자신의 몫이라는 사실입니다.

저도 놓고 싶지 않은 삶을 살고 있던 그 시점에, 30일 동안 800킬로미터의 고통스럽고 불확실한 순례길을 잡기 위해서 매주 진행하던 방송을 한 달간 접고, 적지 않은 강의료도 포기하고, 쾌적한 환경, 익숙한 사람 등 확실하고 안정적인 것들을 놓아야만 했습니다. 아깝고 불편해서 그것들을 놓지 않았다면 산티아고를 잡을 수 없었을 것입니다. 놓지 않으면 잡을 수 없습니다.

당신이 몸담고 있는 회사가 당신이 회사 다니는 기간보다 빨리 망하는 사실을 알고 있습니까? 안타깝지만 대부분의 회사는 당신이 회사를 다닐 수 있는 시간보다 빨리 망합니다. 인생이라는 먼 길에 견주어볼 때, 당장에 당신이 갖고 있는 자산은 사실 대단한 것이 아닙니다. 그걸 지키려는 당신의 근시안을 버려야 합니다.

저 역시 고민되는 것은 마찬가지였습니다. 한 달 동안 자리를 비우면 어떤 상황이 벌어질 수 있을까? 한 달 동안 잡혔던 강의를 일방적으로 취소하고, 또 강의 예약전화를 받지 못하면 다음에도 강의 예약전화가 올까? MBC 〈TV 특강〉에서 매주 방송을 해야 하는데 내 사정으로 취소해버리면 다음에 또 방송할 수 있을까? 이런 자리들이 모두 무사할까? 당연히 그렇지 않을 수 있는 일입니다.

그런데요, 제가 살면서 느낀 것은, 제가 그 자리에 연연한다고 해서 그 자리가 저를 지켜주는 것은 아니란 사실입니다. 제 의지와 관계없이 그 자리는 언제든지 저를 내던질 수 있는 자리입니다. 방송은 분기마다 개편을 하고, 강의를 요청하는 회사에서는 저 말고도 수많은 강사들을 알고 있습니다.

지나고 나서 보면 늘 제가 갖고 있던 모든 것을 던져서 승부수를 띄울 때 새로운 자리가 생겨났습니다. 제자리에 연연해서 그곳에 목을 매고 있었더라면 저는 아마 현재보다 훨씬 못한 상황이 처했을 것입니다. 그것은 분명합니다.

물론 쉬운 일은 아닙니다. 안정적인 현재 상황을 걸고 불확실한 미래에 승부를 걸어야 하니까요. 그러나 세상에 안정적인 것은 없다는 것을 기억하시기 바랍니다. 유한한 인생에 있어 안정이란 없습니다. 있다고 착각할 뿐이죠. 그 착각에서 벗어나지 못하면 활동적 타성에 젖게 되고, 나도 모르는 사이에 사라지게 되는 것입니다.

이 글을 읽는 독자 중에 길을 떠나고자 마음먹고 짐을 챙기는 사람도 있을 것이고, '내가 어떻게 떠나냐' 하고 마음을 접는 사람도 있을 것입니다. 사람에 따라 성향이 모두 다르기 때문입니다. 저는 그것을 관성의 법칙에 비유해서 설명합니다.

뉴턴이 1687년에 물체의 운동에 관한 종래의 여러 학설을 정리 통합해서 만든 법칙 중 하나가 운동의 제1법칙으로 불리는 관성의 법칙입니다. 관성의 법칙은 외부로부터 물체에 힘이 작용하지 않는 한 정지하고 있던 물체는 계속해서 정지해 있고, 운동하고 있던 물체는 언제까지나 같은 속도로 운동을 한다는 법칙입니다. 책상에 볼펜이 놓여 있는데 누군가 집어서 옮기지 않으면 언제까지나 정지해 있고, 지구가 태양을 공전하는 운동은 어마어마한 행성이 지구와 충돌하지 않는 한 언제까지나 운동이 유지된다는 법칙입니다.

사람도 똑같습니다. 아무리 좋은 정보와 방법을 알려줘도 움직이지 않는 사람이 있는가 하면, 매우 작은 가능성밖에 없는데도 행동으로 나서는 사람이 있습니다.

Talk 6. 진정한 떠남은 정신적 떠남

저는 어려서부터 워낙 여행을 좋아했습니다. 중학교 이후로 고향을 떠나온 저는 고등학교 1학년 때부터 혼자서 정기적인 여행을 시작했습니다. 가방 하나 메고 매년 12월 23일 22시 30분 청량리를 출발하는 기차에 오릅니다. 기차는 쉬지 않고 어둠을 뚫고 밤새 달려서 크리스마스 이브 새벽 7시경, 바다를 뚫고 주먹처럼 쑥쑥 올라오는 일출을 마주하면서 강릉에 도착합니다.

강릉에 도착하면 해변가에 위치한 여관에 숙소를 정하고 이런저런 생각을 정리하면서 해변을 걷습니다. 갈매기 울음소리는 정겹지만 해풍은 살을 도려내는 듯 아립니다. 밤이 되면 메고 간 가방을 들고 해변에 앉아 모닥불을 피웁니다. 모닥불을 피워놓고 1년 동안 쓴 메모나 편지들을 다시 읽고 버릴 것들은 모닥불에 태우고, 떠오르는 생각들은 다시 메모를 합니다. 친구들에게 엽서도 씁니다. 칠흑같이 어두운 밤에 종이를 태우면 파란빛이 나옵니다. 그렇게 한 해를 정리합니다.

그렇게 크리스마스를 강릉에서 보내고 25일 다시 기차를 타고 청량리로 돌아옵니다.

그 여행은 제 나이에 따라 배웅하는 친구들이 달랐을 뿐, 매년 12월 23일 22시 30분 기차를 타고 청량리를 떠나 동해바다로 향합니다. 고등학교 2학년과 3학년, 대학교 1학년과 2학년, 군대 3년, 대학교 3학년과 4학년, 사회인이 되어서까지 10년간의 여행으로 이어졌습니다.

매년 12월 23일 저녁에 종로에서 맥주를 마시다 말고 배웅하던 대학 친구 이정우, 군대 친구 이정엽과 이상훈을 만나면 지금도 옛날 그 얘기를 합니다.

"난, 네가 크리스마스 때마다 혼자 그 여행을 왜 갔는지 아직도 모르겠더라."

그때 제가 여행지에서 보낸 엽서를 이상훈은 지금도 갖고 있다고 합니다.

혼자 하는 여행은 자신을 돌아보게 하고 성숙하게 만드는 힘이 있는 듯합니다. 돌아보면 저는 그때 참으로 생각이 많은 아이였고, 참으로 많은 생각을 했었던 것 같습니다. 물리적으로 혼자 있는 상황, 특히 크리스마스 이브는 좋아하는 사람들과 함께 어울리는 1년

중 가장 의미 있는 날인데 혼자 있으니 생각이 많을 수밖에 없었죠. 아마도 일부러 저 자신에게 그런 상황을 연출한 것이 아닐까 하는 생각도 듭니다.

아무튼 떠나면 익숙한 공간을 벗어나서 낯선 공간을 마주한다는 그 자체만으로도 생각이 달라지고 많아지는 것은 확실합니다. 익숙한 생활 공간에서는 내 속에 있는 것이 나인데, 낯선 여행지에서 내가 만난 것은 내가 아닌 또 다른 나인 것이죠. 어디에 위치하느냐에 따라 내가 달라집니다. 그래서 떠나볼 필요가 있다는 것입니다.

제가 자꾸 떠나라, 떠나라 하니 도대체 시간도 없고 돈도 없는데 어떻게 떠나란 이야기냐며 반문하는 사람도 있을 것입니다. 하지만 시간과 돈이 없는 사람들에게도 떠날 수 있는 방법이 있습니다. 제가 떠나라고 하는 말의 진정한 의미는 정신적인 떠남을 내포하기 때문입니다.

그렇다면 정신적인 떠남은 어떤 떠남을 의미할까요? 정신적인 떠남에는 세 가지 방향성이 있습니다.

첫째는 초심을 향해서 떠나는 것입니다.

둘째는 현재와 다른 생각을 향해서 떠나는 것입니다.

마지막으로 셋째는 내일을 향해서 떠나는 것입니다.

초심을 향해 떠나는 것은, 초심을 먹었던 그때의 그 마음자세로 돌아감을 뜻합니다. 현재와 다른 생각을 향해서 떠나는 것은, 현재 생각의 틀을 벗어나 다른 생각의 세계로 떠남을 의미합니다. 내일을 향해 떠나는 것은, 현재의 어둡고 답답함 마음에서 벗어나 내일의 밝고 희망찬 세계로 떠남을 의미합니다. 그런 뜻에서 저는 초심을 향해 떠나는 것을 열정, 현재와 다른 생각을 향해 떠나는 것을 수정, 내일을 향해 떠나는 것을 긍정이라 부릅니다.

어떤 일을 처음 시작할 때를 떠올려보십시오. 아마도 그때보다 잘해보겠다는 열정에 불타올랐을 때가 없었을 것입니다. 그래서 열정입니다. 현재의 생각을 떠올려보십시오. 그 생각에서 조금도 벗어날 수 없는 자신을 발견할 것입니다. 하지만 현재의 생각에서 떠날 수만 있다면 다른 생각을 만날 수 있고, 비로소 현재의 생각을 바꿀 수 있을 것입니다. 그래서 수정입니다.

내일을 떠올려보십시오. 내일 좋지 않은 일이 생기기를 바라는 사람은 아무도 없습니다. 내일 나쁜 일이 생기길 바란다면 그는 정신이 이상한 사람이겠지요. 이처럼 내일의 희망으로 떠날 수 있다면 비로소 부정적이었던 마음이 긍정적 마음으로 돌아설 수 있을 것입니다. 그래서 긍정입니다.

열정, 수정, 긍정은 우리가 성공적인 삶을 살기 위해, 행복한 삶을 살기 위해, 무엇보다 만족스러운 삶을 살기 위해 꼭 필요한 요소라 할 수 있습니다. 아니, 열정, 수정, 긍정만 잘할 수 있다면 우리네 삶에서 하지 못할 것이 없습니다. 그래서 정신적 떠남이 그렇게 중요할 수밖에 없습니다.

초심, 현재의 생각, 내일로 떠나는 방법

그렇다면 어떻게 초심, 현재의 생각, 내일로 떠날 수 있을까요? 이를 가능하게 하려면 먼저, 우리의 정신세계가 어떻게 작동되는지 알아야 합니다. 인간의 내면세계에는 마음과 정신이 존재합니다. 사람들은 마음과 정신을 같은 것이라 생각하겠지만, 사실 이 둘은 비슷하면서도 차이가 있습니다. 마음은 정신세계의 바탕을 이루는 심(마음 心)밭일 뿐이나 정신(알맹이 精, 신 神)은 신(神, god)의 알맹이精란 뜻으로 마음세계를 지배하는 에너지라 할 수 있습니다. 즉, 정신의 지배로 마음이 움직이는 것입니다.

한편, 인간에게는 마음과 몸의 작동 장치로 뇌가 있는데 이 뇌는 몸, 마음과는 상호 교류 작용을 하는 특징이 있습니다. 즉, 뇌가 시키는 대로 몸과 마음이 움직일 수 있고 거꾸로 마음이 시키는 대로 뇌가 작동할 수도 있습니다. 예를 들어 실제 레몬이 없는데 마음이 레몬을 먹는다고 상상하면 뇌는 이를 사실로 받아들여 재빨리 침샘을 자극하여 침이 고이게 합니다. 이건 마음에 따라 뇌가 움직이는 예입니다. 거꾸로 가만히 앉아 있는데 갑자기 내일 발표 생각 때문에 가슴이 쿵쿵 뛴다면 이는 뇌에서 두려움을 담당하는 대뇌변연계가 작동하여 마음을 불안하게 한 것으로 뇌가 마음을 움직인 예라 할 수 있습니다.

여기서 재미있는 현상은 인간의 뇌는 얼마든지 마음으로 움직일 수 있다는 사실입니다. 저는 이것을 '뇌를 속인다'는 재미있는 말로 표현합니다. 상상임신이라는 게 있습니다. 실제로는 임신하지 않았는데 상상으로 임신한 것처럼 생각하여 실제 배가 불러오는 등 임신의 증상을 보입니다. 마음의 상상에 뇌가 임신한 줄 알고 속아 각종 호르몬을 분비함으로써 나타나는 현상인 것입니다. 재미있지요. 그런데 그런 힘을 가진 마음을 움직일 수 있는 게 있으니 바로 정신입니다. 우리 속담에 "호랑이 굴에 들어가도 정신만 차리면 산다."는 말이 있지요. 이게 바로 정신이 마음을 움직이는 좋은 예입니다. 아무리 마음이 약해도 정신을 차리면 다시 강해지는 법입니다.

이상의 원리로 우리의 뇌와 마음을 지배하는 정신을 잘 활용할 수 있다면 우리는 얼마든지 초심, 현재의 생각, 내일로 떠나는 것이 가능해집니다. 이때 필요한 것이 강한 정신력입니다. 물론 강한 정신력을 위해서는 꾸준한 마음 운동, 뇌운동이 필요합니다. 육체 운동이 몸을 건강하게 하는 것처럼 마음 운동, 뇌운동이 정신을 강하게 하기 때문입니다. 이렇게 정신력이 강해졌다면 이제 우리의 뇌와 마음에 암시를 심어주면 됩니다. 나는 초심으로 돌아간다, 현재의 생각을 떠난다, 내일의 희망으로 떠난다, 하면서 말입니다. 이때 암시를 심어줄 때 구체적 상상을 하는 것이 더 큰 효과를 나타낼 수 있습니다. 초심의 예를 들면 초심을 먹었을 때의 그 장면 하나하나까지 상상으로 떠올려보는 것입니다. 내일의 예를 들면 내일에 일어날 좋은 일 하나하나를 떠올려보는 것입니다. 이것을 이미지 트레이닝이라 합니다. 장미란 선수는 이 방법으로 금메달을 획득했고, 박

찬호 선수는 이 방법으로 메이저리그를 평정했다고 합니다.

이렇게 당신의 정신을 작동시키게 되면 이제 당신의 뇌에서 초심, 현재의 생각, 내일로 떠날 수 있게 하기 위한 작동이 일어날 것입니다. 그리고 그것을 당신의 몸과 마음으로 전달하여 실행에 옮기게 도와줄 것입니다. 이런 방법으로 당신은 얼마든지 정신적인 떠남도 경험할 수가 있게 되는 것입니다.

자신의 꿈을 성취하고 그 성취를 오래도록 유지하는 사람들의 특징은 언제나 이 세 가지 떠남을 했다는 사실을 잊지 마십시오. 자, 이제 당신도 초심, 현재의 생각, 내일로 향해 떠나는 것을 시도해봄이 어떨까요? 떠남에도 때가 있습니다. 때를 놓치면 기회를 잃습니다. 줄을 놓을 기회는 지금밖에 없습니다.

비워야 멀리 간다

자기가 원하는 일을 위해 무엇을 포기해야 할지 아는 것은
그 일을 성취하기 위해 해야 할 일들 중 절반을 아는 것이다.
— 시드니 하워드

Talk 1。 비워야 가벼워진다

30일 동안 800킬로미터를 걸어야 하는 험하고 먼 길이니까 준비를 철저히 해야 한다고 생각하고 온갖 것을 배낭에 넣었습니다.

침낭, 옷, 양말, 세면도구, 화장품, 자외선 차단제, 반창고 100개, 파스, 진통제, 감기약, 연고, 고추장, 초콜릿, 미숫가루, 육포, 책, 노트, 카메라, 고무신 등.

시간이 지나면서 바라바리 짊어지고 간 배낭 때문에 '이러다간 내가 죽겠다'는 생각을 하게 됩니다. 그 무게에 눌려 목적지에 닿지도 못하고 중단할 수도 있겠다는 생각이 들었습니다.

그래서 처음에 배낭에 지고 간 물건들을 하나둘 내려놓기 시작합니다. 화장품, 미숫가루, 육포, 초콜릿, 고추장, 책, 노트를 버립니

다. 이 길은 비우지 않으면 갈 수 없는 길이기 때문입니다.

저는 태어나서 처음으로 등산양말을 신어보았는데 두껍고 길더군요. 사진에 보이는 것처럼 오죽하면 조금이라도 더 가벼워지지 않을까 싶어 등산양말의 발목 부분을 잘라서 버립니다.

무거워서 잘라버린 양말

누구는 옷을 버리고 갑니다.

무거워서 버리고 간 순례자의 점퍼

이 순례자는 무엇을 신고 갔는지 모르겠군요.

무거워서 버리고 간 순례자의 신발

이 순례자는 바지를 버리고 갔습니다.

무거워서 버리고 간 순례자의 바지

카메라는 배낭 속에서 꺼내지도 못합니다. 카메라를 꺼내다 보면 앞 사람과 100미터 이상 거리가 생깁니다. 그래서 카메라는 꺼낼 엄두도 내지 못하고 핸드폰으로 사진을 찍으면서 나아갑니다.

배낭은 가벼워야 합니다. 무거운 배낭으로는 멀리 가지 못합니다. 그러면 어떻게 배낭을 가볍게 할까요?

비워야 합니다. 비워야 가볍습니다. 가벼운 배낭이라면 멀리 가는 데 편안합니다. 배낭에 담고 간다고 모든 것이 다 내 것이 아닙니다. 언젠가 버릴 물건이고, 꼭 필요한 물건이 아닐 수도 있습니다. 혹시나 하는 마음에 들고 가지만 끝에 가보면 쓰지 못하는 물건일 수도 있습니다. 쓰지도 못하는 물건을 넣은 배낭을 메고 무너져 내리는 어깨로 800킬로미터를 걷는 어처구니없는 일이 생기기도 합니다. 지금은 내 손안에 있는 재물도 명예도 내 것이 아닐 수 있습니다. 언젠가는 내게서 멀어져갑니다.

사람도 그렇습니다. 언젠가는 내 곁을 떠나갑니다. 목숨 걸고 사랑했던 사람도 떠나가고, 너 없으면 못 살겠다 죽어라 매달렸던 사람도 떠나갑니다. 지금 잠시 내게 머물러 있을 뿐입니다. 잠시 후면 구름처럼 바람처럼 사라져버릴 신기루를 영원히 내 것으로 품으려고 애달프게 노력해봐야 헛고생입니다. 어차피 떠나갈 사람을 잡으려 보냈던 그 세월이 얼마나 허망한 시간이었을까요. 결국은 내 것이 아니었던 것, 가질 수 없는 것을 가지려고 아등바등했던 노력이 얼마나 무상했을까요. 비워야 합니다.

Talk 2 마음도 비워야 가볍지

마음도 그렇습니다.

배낭도 비워야 가벼운 것처럼, 마음도 비워야 가볍습니다. 꼭 찬 배낭으로는 멀리 갈 수 없듯이 미움과 증오로 꼭 찬 마음 역시 비우지 않고서는 멀리 갈 수 없습니다. 미움과 증오로 잔뜩 채워놓으면 나만 무겁습니다. 내 마음을 증오로 잔뜩 채우게 만든 상대는 성작 알지도 못합니다. 상대는 알지도 못하는 일 때문에 나만 괴롭습니다. 마음을 내려놓아야 합니다.

사실 산티아고 순례길을 걷다 보면 비우지 않을 수 없습니다. 배낭의 무게로 무너지는 어깨, 발가락 여기저기에서 터지는 물집, 흔들리는 발톱, 발목과 무릎의 염증으로 너무 고통스러워서 딴생각이 나지 않을 때가 있습니다. 고통스런 발과 몸으로 걷다 보면 나중에는 아무 생각이 나지 않습니다. 비우지 않으려야 비우지 않을 수 없는 거죠.

그렇게 길을 가다 보면 차츰 마음도 변하는 것을 느낍니다. 새벽에 랜턴을 켜고 출발할 때 그날 걷는 거리가 정해집니다. 동이 트면 눈앞에 거대한 산이 나타납니다. 오늘도 저 산을 넘어야 합니다. 처음 순례길을 시작할 때면 산의 크기나 남은 거리 때문에 주눅이 들곤 했습니다. 그러나 산이 높다고 주눅 들 필요는 없다는 것을 깨닫게 됩니다. 힘들고 고통스럽지만 한 걸음씩 오르다 보면 언젠가는 저 산을 넘기 때문입니다.
또한 높은 산을 넘었다고 우쭐댈 필요도 없다는 것을 알게 됩니다. 그 산 너머에는 더 큰 산이 기다리고 있기 때문입니다. 그래서 고통스럽고 힘든 길이지만 마음을 비우고 한 발 한 발 우직하게 길을 걷다 보면 산티아고에 다다를 것입니다. 우리네 삶도 그렇습니다. 삶이 힘들다고 절망할 필요도 없습니다. 한 걸음씩만 옮기면 언젠가는 넘어가게 되어 있습니다. 힘든 일을 넘겼다고 좋아할 일도 아닙니다. 더 큰 문제 기다리고 있죠. 역시 걱정할 일도 아닙니다. 한 걸음씩 가면 됩니다.

　30일 중에 20일은 비를 맞고 걸은 듯합니다. 우기였습니다. 밤부터 내리기 시작한 비는 하루 종일 부슬부슬 내립니다. 어떤 지역에서는 폭우를 쏟아내기도 합니다. 이번 산티아고 순례길을 위해 난생처음 등산화와 등산복을 입어봤습니다. 처음에 방수 등산화를 신고 출발했지만 폭우 속에서 방수 등산화는 제 기능을 할 수 없습니다.
　순례자들은 우비를 입고 걷기 시작합니다. 순례자는 비 오는 길을 멈추지 않고 걷습니다. 비는 우비를 때리고, 안경도 때리고, 등산화도 때리지만 순례자의 마음도 때립니다. 비가 내리는 날은 주변 경치를 볼 수 없습니다. 그저 발끝을 쳐다보며 가던 길을 재촉할 뿐입니다.
　그런데 산티아고 길에서 순례자가 만나는 비는 한국에서 만나는 비와는 사뭇 다릅니다. 한국에서는 비를 피하려고 우산을 들고 이리저리 급하게 뛰어다니지만 산티아고에서는 다릅니다. 비를 피할 곳도 없고, 피할 시간도 없으며, 피할 의지도 없습니다. 그냥 다 맞고 걷습니다. 옷은 숙소에 도착하면 어차피 모두 빨아야 하고 샤워도 할 것이니 따로 걱정할 필요도 없습니다. 그러니 마음도 편안합니다. 오는 비를 다 맞고 걷겠다고 생각하니 비는 더 이상 한국의 비가 아닙니다.

일상도 그렇지 않을까요?

우린 조그만 일에도 노심초사하고, 지나고 나면 아무것도 아닌 일 때문에 그것을 회피해보려고 잠도 설칩니다.

계절이 한 번 바뀌면 생각도 나지 않을 그리움 때문에, 슬픔 때문에, 분노 때문에 잠 못 자고 괴로워합니다. 그러면서 가장 소중한 인생을 허비하는 셈이죠. 순례길의 비처럼 어차피 피할 수 없는 일이라고 생각하면 오히려 답이 나오지 않을까요? 현실적인 문제를 때로는 담백하게 대한다면 의외의 답을 발견할 수도 있습니다.

Talk 3. 용서도 비워야 한다

페르돈, 용서의 언덕에 오르는 날입니다. 오르기가 힘들어서 일명 깔딱고개라고도 합니다.

힘들게 오른 정상에는 순례자들을 형상화한 조형물들이 있고, 하얀색의 풍력 발전기가 윙윙 소리를 내며 돌아가고 있습니다. 이곳에 오르면 순례자는 자신이 지나온 길을 한눈에 내려다볼 수 있습니다. 피레네 봉우리, 수많은 강과 언덕 등을 보게 됩니다.

페르돈은 용서의 언덕입니다. 자신이 누군가를 용서하는 언덕입니다. 저는 이 언덕에 올라서서 누군가를 용서하기 전에 제가 용서를 빌었습니다. 저도 모르게 생각으로, 말로, 행동으로 지은 죄에 대해서 용서를 빌었습니다. 미안하다고, 용서해달라고 빌었습니다.

저와 함께 동행할 멘티들을 정하기 위해 연합뉴스에서 공모를 시행했습니다. 각자의 사연을 적은 편지와 인터뷰를 통해 선발되었는데 경쟁률이 수백 대 일을 넘었다고 합니다. 그 멘티 중 한 분이 앞에서도 소개했던 신엄마 씨입니다. 신엄마 씨의 구체적 사연은 다음과 같습니다.

저는 대전에 사는 54세의 평범한 주부이자 회사원입니다. 사실 저는 컴퓨터를 다룰 줄 몰라서 다운로드하는 것도 할 수가 없어 오늘 오후 6시가 마감이라기에 급한 마음에 먼저 메일로 신청을 해봅니다.

58년 개띠치고 신산한 삶을 살지 않은 사람이 별로 없다 하지만 저역시도 많은 세월의 굴곡을 어떻게 지내왔는지 모를 정도로 정말 격렬하게 열심히 살아왔습니다.

이제 좀 뒤돌아보니 제가 마라톤의 정점에서 내리막길에 와 있는 듯한 느낌이 옵니다.

제가 이 순례길에 동참하게 된다면 앞으로의 삶에 지대한 영향을 줄 수 있는 제대로 된 인생을 살 수 있을 거 같다는 생각에 물불 가리지 않고 사진도 못 보내는 메일을 보내게 되었습니다.

한 여자의 삶이 고단하다 해서 수많은 사람들 중 이 행운이 저한테 온다는 보장은 없겠지만 이 행복을 꿈꿀 수 있는 기간이 있는 것만으로도 저는 행복합니다.

저에게는 눈에 넣어도 아프지 않을 예쁜 딸이 있었습니다.

4년 전 중국 유학 갔다가 그곳에서 상위권에 들어 청도의 한 회사에 취직을 했던 내 딸은 25세의 재기 발랄한 아이였지요.

다음 주에 청도에 주재원으로 오는 사람과 맞선을 주선해준 선배 부부의 집에서 저녁을 먹고 들어오는 길이라며, 아이는 전화로 남자친구 소개받기로 했다며 까르르 웃었습니다.

그런 아이가 불과 한 시간 만에 변을 당해 저 멀리 가버렸습니다. 범인은 한국인으로 딸과 같은 나이의 청년이었는데 조선족 아가씨와 동거를 하다 돈이 떨어지자 엘리베이터에서 가끔 마주친 딸아이가 직장을 다니는 게 생각나 돈이 있을 거라 생각하고 범행을 결심했다고 합니다.

문을 열고 들어가는 딸아이 뒤에서 밀쳐 안으로 들여놓고 칼로 위협하고 목을 조르고 돈과 패물을 뺏고 집에 불을 지르고 도망갔던, 청도에서는 가장 흉악한 사건으로 기록되었던 사건의 피해자가 제 딸아이였지요.

한 6개월은 수면제와 통곡과 오열로 보냈지요. 어떻게 그 긴 시간을 이겨냈는지 모르겠습니다.

이렇게 사느니 죽어버리자 하고 몇 번이나 자살을 하려 했지만 그때마다 작은아이가 앞을 가로막더군요.

누나는 살해당하고 엄마는 자살하고 나면 저 아이의 삶에 평생 지울 수 없는 상처를 준다고 생각하자 정신이 들더군요.

자식은 죽으면 가슴에 묻는다 하는데 저는 제 온몸 세포 하나하나에 묻어버린 기분입니다.

아이가 좋아했던 음식, 옷, 화장품, 음악, 이런 것들이 제 눈에 들어오면 운전 중에도 눈물이 앞을 가려 펑펑 울고 가야 합니다.

세월이 지나면 잊혀진다, 무디어진다 했던가요.

아뇨, 그렇지 않아요. 송곳으로 찌르는 듯한 아픔은 덜하지만 무딘 몽둥이로 맞은 듯 멍하고 둔탁한 이 아픔은 가슴을 짓눌러 화가 치밀고 소리 지르고 누군가에게 다 쏟아버리고 싶은 심정입니다.

이렇게 아플 줄 알았다면 그때 딸하고 같이 가버릴 걸 하는 생각까지 들곤 하지요.

이제는 그걸 넘어서 복수하고 싶은 강한 욕구가 솟구치기도 합니다.

중국 청도의 한 교도소에 있는 그 범인은 감형 받으면 무기수라 해도 20년 안에는 출소하겠지요. 그 세월이면 난 힘없는 할머니일 텐데도 죽이고 싶은, 그래서 딸아이의 복수를 해야겠다는 생각까지 듭니다.

내 아이는 이미 가고 없는데 그 많은 세월을 얼마나 많은 고통과 아픔으로 점철해야 하는지, 내 생의 끝까지 내가 제대로 갈 수 있을지 의문입니다.

범죄피해자구조센터의 회장직을 맡을 때도 그랬습니다. 내가 밤마다 이불 뒤집어쓰고 짐승처럼 내 딸아이 이름을 부르고 통곡했던 것처럼, 같은 일을 당한 피해자 가족들에게 무언가 위로하고 싶고 같이 오열하고 같이 아픔을 나누기 위해 기꺼이 회장직을 맡았습니다.

그런데 그들을 위로하고 온 날은 내가 아픈 겁니다.

내 아이를 잃었던 그때의 분노가 되살아나고 그때의 억울함과 상처가 되살아나 그들과 함께하는 게 위로도 되었지만 마치 그 일을 지금 내가 당한 것처럼 몇 날 며칠이 괴로웠습니다.

요즘은 범죄 양상이 더욱더 잔인하고 참혹해서 우리 아이만 이런 일을 당한 게 아니구나 싶은 위로도 잠시, 그 일을 내가 당한 것보다 더하게 슬프고 아프고 괴롭습니다.

저는 여행을 좋아해서 딸아이와 많은 곳을 다녔습니다.

사실 아이가 살아 있다면 아이와 둘이서 많이 여행을 다녔을 텐데 지금은 무엇을 해도 재미가 없고 의미가 없어집니다.

생의 한 부분을 잃어버린 거지요. 내가 행복한 것이 마치 먼저 간 딸을 배반하는 것처럼 괴롭기도 합니다.

범죄 피해자 가족들 역시도 마찬가지입니다.

그들도 남의 앞에서는 웃지도 못하겠다고 합니다.

자식 죽었는데 웃음이 나와? 이런 말 듣기가 두렵다는 거지요.

제가 괴로운 것은 제 스스로 아이를 제 안에 가두기 때문인 것 같습니다.

아이를 아이 있는 곳으로 훨훨 날려 보내야 하는데 그게 안 되는 게 아이를 흉하게 보낸 엄마들의 공통된 마음인 것 같습니다.

내가 나를 위로하지 못하고 내가 어느 누구도 용서하지 못하고 내가 아무것도 할 수 없는데 누가 누구를 위로하고 손을 내민다는 건지, 그런 회의 때문에 결국은 범죄피해자구조센터 회장직을 그만두었습니다.

여전히 도저히 이해할 수 없는 범죄로 인해 피해자 가족들은 늘어나고 있지만 내가 그들과 나누었던 아픔을 승화시키기에는 나 자신이 많이 피폐해져 있고 받아들일 수 없을 만큼 지쳐 있습니다.

저는 다른 것 원하지 않습니다.

여행이라면 제 스스로도 갈 수 있지만 이런 순례길에는 꼭 동참해서 제가 지금껏 갖고 있던 제 딸아이에 대한 집착과 분노와 울분과 억울함을 풀어내 놓고 오고 싶습니다.

앞으로 제가 얼마나 더 살지는 모르겠지만 사는 동안이라도 누군가를 죽여버리고 싶다는 극한 생각과 아이에 대해 미안함과 지켜주지 못한 죄스러운 마음을 다 떨쳐버리고 싶습니다.

진정한 아픔의 치유가 어떤 건지 치유된 인생의 탈바꿈은 어떤 건지 모르겠지만 저는 건강한 마음과 삶이 제게 주어져야만 저처럼 아픔을 겪는 사람들에게 다시 돌아가 진정으로 서로에게 위로가 될 수 있을 것 같습니다.

저를 선택해주신다면 평범한 한 사람의 삶에 찬란한 빛을 주시는 거라 생각합니다.

그리고 그 빛을 다시 여러 아픈 사람들과 나누겠습니다.

Talk 3. 비우는 건 내려놓는 것

오늘은 산티아고 순례길 중에 가장 높은 해발 1500미터의 산을 오르는 날입니다. 이날 만난 새벽녘 동트는 하늘은 지금까지 살면서 제가 본 가장 아름다운 하늘입니다. 철 십자가에 오르던 날의 일출입니다. 이 사진을 찍으면서 아름다움에 도취돼서 눈물을 흘렸습니다. '이 장면은 일출이 아니다, 연출이다'라고 생각할 정도로 아름다운 하늘이었습니다. 현란한 고흐의 물감으로 상상력 최강인 피

철 십자가 언덕 아래에서 만난 내 인생 최고의 일출

카소가 그린 그림 같습니다.

1500미터 산의 정상에는 그 유명한 철 십자가가 있습니다. 나무로 만든 돛단배 기둥 모양의 철 십자가입니다. 순례자들이 천 년 전부터 이 길을 걸으면서 야고보를 추모하고 그들의 안녕을 빌면서 돌을 하나씩 올려놓은 것이 지금은 산처럼 쌓여 있습니다.

그래서 지금도 전세계에서 온 순례자들은 자신이 소중하게 갖고 온 것들을 철 십자가에 매달거나 주변에 올려놓습니다.

철 십자가 앞에 서자 누구보다 씩씩했던 신엄마 씨가 비통한 표정이 되었습니다. 그녀가 산티아고 여정에 참여한 것도 범인을 향한 증오와 원망에서 벗어나고 싶은 간절한 마음에서였습니다.

그녀는 지금까지 딸과 함께 이 길을 걷고 있었습니다. 마음이 아파서 자주 꺼내보지도 못하는 딸아이의 사진은 스물다섯 나이에 멈춰 있습니다. 보름 동안 함께 걸었던 아이들을 이곳에서 놓아주려 합니다.

강도를 당해 딸을 잃은 신엄마 씨도 예쁘고 귀여운 딸의 사진과 딸에게 보내는 편지를 철 십자가에 묶어놓고 통곡을 합니다.

"금방이라도 '엄마' 하고 전화할 것 같아요. 내년 1월이면 5년 돼요. 지금 살아 있으면 스물아홉이겠죠. 왜 그렇게 죽였는지 모르겠어요."

내 딸아, 미안해. 엄마가 지켜주지 못했어.

미안해, 미안해, 정말 미안해.

아~~~ 미안해, 정말 미안해~~ 울부짖으며 통곡합니다.

엉~~~ 엉~~ 절규하며 웁니다.

저도 하염없이 울었습니다. 눈물이 멈추지 않았습니다. 제작진도
울었습니다. 카메라 감독도 우느라고 촬영을 놓칠 정도였습니다. 다
른 나라에서 온 순례자들도 모두 함께 울었습니다.

'딸을 잃은 아픔이 얼마나 크고 깊을까.'

저는 30일 내내 울면서 산티아고 길을 걸었습니다. 신엄마 씨는
피를 토하듯 얘기하면서 울고, 저는 들으면서 하염없이 울었습니다.
그렇게 30일을 울었습니다.

제 역할은 연합뉴스가 공모를 통해서 선발한 신엄마, 박사진, 배
요가 씨 등 세 명의 멘티들을 1인당 1/3씩 시간을 할애해서 순례길
을 걸으면서 대화와 강의를 통해서 그 아픔을 치유하고 그 과정을
녹화하는 것이었습니다.

그런데 현장에서 만나보니 신엄마 씨를 제외한 두 멘티는 출발하
기 전에 PD와 방송작가에게서 들었던 내용과는 다른 상황이었습
니다. PD도 당황했다고 합니다. 그래서 PD와 합의하에 두 멘티는
짧게 녹화를 끝내고, 나머지 거의 전 구간을 신엄마 씨와 함께 걸었
습니다. 이번 여정에서 제 미션은 그 아픔을 내려놓고 치유하도록

도와주는 것입니다. 그런데 그 아픔을 치유할 수 없다면 이번 '멘토와 함께 걷는 산티아고' 다큐멘터리는 아무런 의미가 없어지는 것이었습니다.

그런데 그 깊고도 쓰린 아픔을 어떻게 내려놓을 수 있을까요, 어떻게 내려놓도록 도와드릴 수 있을까요?

네 명의 출연자들에게 첫 번째 특강을 했습니다. 제목은 '내려놓기'입니다. 대상은 딸을 잃은 신엄마 씨였습니다. 상처를 내려놓고 보는 방법을 강의했습니다.

저라면 범인을 용서했을까요?

천만에요. 무슨 방법을 써서라도 범인을 잡아서 죽였을 겁니다.

한 번에 죽이는 것도 아니고, 묶어놓고 면도칼로 온몸의 피부를 얇게 포를 뜨고, 손가락과 발가락을 하나씩 자르고, 귀를 자르고 코를 잘라서 천천히 죽였을 겁니다. 눈을 제외하고는 모든 것을 잘랐을 것입니다. 그 눈으로 자신이 죽어가는 모습을 보게 만들었을 것입니다.

죽음이 무엇인지를 쳐다보게 만들었을 것입니다.

제 마음속에도 증오와 복수심이 가득 찼겠죠. 그러나 증오로 가득 찬 마음속에는 아무도 들어올 수 없습니다. 내 아이도 들어오지 못합니다.

인간의 마음은 '사랑+증오=100'으로 되어 있습니다. 제로섬이죠.

범인을 증오하는 마음이 100이면 내 딸을 그리워하고 사랑하는 마음은 0이 되는 셈이죠.

어머님이 범인을 증오하는 마음이 지금처럼 100이면 딸을 품을 마음의 공간은 0이라는 것입니다.

왜 범인을 증오하죠?

목숨보다 더 사랑하는 내 딸을 살해했기 때문이죠.

일어나서는 안 된 일이 일어났습니다. 그러나 따님은 하늘에서 이렇게 증오와 저주의 마음만 가득한 어머님의 모습을 보고 안타까워할 수도 있습니다. 왜냐하면, 따님이 들어올 마음의 공간이 없기 때문입니다.

범인을 용서하라는 말은 결코 아닙니다. 용서는 인간의 영역이 아닌 듯합니다. 어떤 부모도 그런 짐승만도 못 한 범인을 용서할 수 없습니다. 단지 따님이 들어올 수 있는 마음의 공간을 열어두라는 것입니다. 마음의 공간을 남겨놓으라는 것입니다. 그 마음의 공간을 남겨놓지 않으면 따님은 어머님의 마음으로 들어오지 못합니다.

우리 옛말에 영혼이 구천을 헤맨다는 말이 있습니다. 어머님의 애달파하는 마음을 보고 따님의 영혼이 하늘나라로 올라가지 못할 수도 있습니다.

용서할 수는 없습니다.

단지 내려놓고 보세요.

범인을 작은 벌레처럼 생각하세요. 증오하는 작은 벌레 같은 범인을 바닥에 내려놓으세요. 그리고 그 위에 유리컵을 뒤집어 덮어서 그 컵 속에 가두어버리세요.

내 마음에서 내려놓았지만 용서한 것도 아니고, 잊어버린 것도 아닙니다. 단지 내려놓고 보는 겁니다.

마음은 한결 가벼울 것입니다. 공간의 여유가 생겼죠? 그 공간 속으로 사랑하는 따님이 들어올 것입니다.

비우지 않으면 채울 수 없습니다.

비우지 않으면 멀리 갈 수 없습니다.

어머님이나 저나 산티아고 순례길 출발할 때를 생각해보세요. 30일 동안 800킬로미터의 먼 길을 가야 하니까 바리바리 싸들고 시작했잖아요? 그런데 중간에 모두 버리고 왔잖아요? 저는 양말도 반으로 잘랐잖아요?

꼭 필요하다고 생각해서 들고 왔지만 버리지 않으면 완주할 수 없으니까 하나씩 둘씩 모두 버리고 왔잖아요?

마음도 똑같습니다.

비우지 않으면 그 무거운 무게 때문에 멀리 갈 수 없습니다. 산티아고까지 가기 전에 탈진하고 말 겁니다.

비우지 않으면 이미 차 있기 때문에 다른 것으로 채울 수 없습니다.

범인에 대한 증오로 가득 찬 마음에는 따님이 들어올 공간이 없습니다. 마음의 공간을 비워봐야 가장 사랑하는 따님이 그곳으로 들어와서 함께 머물 수 있는 겁니다.

범인을 위한 것이 아닙니다. 따님과 어머님을 위해 마음을 비우라는 것입니다.

그날 신엄마 씨는 강의를 듣다가 중간에 울면서 일어서서 방으로 들어갔습니다. 제가 주장하는 방식이 마음에 들지 않았을 것이고 이해되지 않았을 것입니다.

아마 언젠가는 이 산티아고 순례길이 끝나기 전에는 천천히 내려놓기를 시작할 것입니다. 내려놓기를 진심으로 기도합니다. 따님도 그것을 바랄 것입니다.

내려놓으면 비워집니다. 비워야 멀리 갈 수 있고, 비워야 다른 것을 담을 수 있습니다. 배낭에서 언제 먹을지 모를, 안 먹어도 문제없을 것을 내려놓으면 배낭은 그만큼 가벼워집니다. 오늘 당장 필요치 않은 먹을 것을 내려놓으면 다른 것을 담을 수 있습니다.

Talk 4. 비우면 좋은 것으로 채워진다

산티아고 여정 중 처음 접하는 특별한 미사에 참석하게 되었습니다. 산티아고 순례길은 순례자들이 한 방향으로 걷기 때문에 많은 사람들이 만나고, 스치고, 헤어지고, 다시 만나게 됩니다. 점심 때 마을 카페에서 만나고, 저녁 때 식당에서 다시 만난 한국에서 온 잘생긴 젊은 분이 있었는데 알고 보니 신부님이었습니다. 신부님들은

1년에 열흘 정도 휴가를 갖는데 이 신부님은 4년의 휴가를 모아서 40일간 산티아고 순례길을 걷고 있다고 합니다.

저녁과 빨래를 마치고 취침 준비를 하고 있는데 일행 중 한 분이 그 신부님께서 우리가 원하면 특별한 미사를 해주신다고 해서 천주교 신자 두 분과 함께 알베르게 뒤뜰로 갔습니다.

신부님은 우리 셋을 의자에 앉혀놓고 준비해오신 조그마한 가방을 열어서 여러 가지 용품을 꺼내놓고 촛불을 켜고 미사를 시작했습니다. 그때 대원 중 한 분은 고해성사를 하면서 엄청 눈물을 쏟았습니다.

저는 미사에 참석하는 것은 처음이었습니다. 순서에 따라 신부님이 미사를 집전했는데 신비롭고 숭고한 느낌이 밀려왔습니다.

처음 만난 순례자들을 위해 기도를 해주시는 신부님의 기도에 감동해서 나도 모르게 눈물이 흘렀습니다. 매우 따뜻한 느낌이었습니다. 이런 미사는 평생에 한 번 있을까 말까 한 축복받은 일이라고 기뻐합니다.

그때 미국인 친구 레이먼드 배에게서 문자가 도착했습니다.

남을 판단하지 말아라. 그러면 너희도 판단을 받지 않을 것이다.
남을 죄인으로 단정하지 말아라. 그러면 너희도 죄인 취급을 받지 않을 것이다.
남을 용서하여라. 그러면 너희도 용서를 받을 것이다.
주어라. 그러면 너희도 받을 것이니, 너희에게 누르고 흔들어 넘치게 부

야외 벤치에서 이루어진 특별한 미사

어주실 것이다. 너희가 남에게 되어주는 것만큼 되돌려 받을 것이다.(누 가복음 6:37~38)

순례길을 완주하고 개인별 인터뷰를 하는 날이 돌아왔습니다. 무 엇보다 기뻤던 것은 신엄마 씨가 '증오와 복수심을 절반 정도는 내 려놓은 것 같다'고 한 부분입니다.

"처음부터 송 교수님이 계속 내려놓으라고 하는데, 처음에는 무슨 뜻인지 모르겠고 마음으로 와 닿지도 않았지만 30일 내내 듣고 생각하다 보니 절반 정도를 내려놓은 것 같습니다."

그녀는 마음이 한결 편해졌고, 한국에 돌아와서 범죄피해협의회 회원들에게 그 이야기를 전하고 있다 합니다.

비우세요.
비워야 멀리 갈 수 있습니다.

Talk 5. 술잔은 7부만 채워라

제 연구실에 있는 책장 몇 칸은 책이 아닌 아기자기한 소품들로 채워져 있습니다. 국내외 강의를 다니면서 모은 소품들과 선물로 받은 소품들입니다. 그중 가장 소중하게 간직하고 있는 소품 하나가 도자기로 만든 계영배戒盈杯라는 술잔입니다. 예전에 사업 실패로 생사를 넘나들던 때 구했던 것으로 기억합니다.

계영배는 공자가 제나라 환공의 사당을 찾았을 때 생전의 환공이 곁에 두고 보면서 스스로 과욕을 경계하기 위해 사용했던 잔이라고 합니다. 계영배는 '가득 참'을 경계하라는 잔으로 잔의 7부까지만 채워야 합니다. 그 이상을 채우면 이미 채운 술까지 모두 잔 밑으로 사라져버리는 신비로운 잔입니다. 인간의 끝없는 욕심과 지나침을 경계하라는 잔이 바로 계영배입니다.

공자는 계영배를 가리키며 제자들에게 다음과 같이 말했다고 합니다.

"교만하면 손해를 보고 겸손하면 이익을 본다. 이것이 하늘의 도이다."

조선 후기의 상인 김상옥은 계영배를 늘 곁에 두고 인간의 과욕을 경계하면서 조선 역사상 전무후무한 거상이 되었다고 합니다.

저도 지나침이 있을 때가 많습니다. 특히 일에 대한 욕심 때문에 멈추지 못하고 절제를 잃을 때가 있습니다. 반성을 많이 합니다만 지금도 역시 그것으로부터 자유롭지 못합니다.

계영배는 넘치지 않고 적절한 7부가 가장 아름답다고 얘기합니다. 그럼 어떻게 하면 계영배의 7부를 유지할 수 있을까요. 현인들의 지혜를 빌리면 대략 다음과 같이 두 가지로 정리할 수 있습니다.

첫째, 절제입니다.

인간이 가장 하기 어려운 것 중 하나가 절제인 듯합니다. 역사에서 나름의 업적을 남겼던 수많은 사람들이 가을 바람에 추락하는 낙엽처럼 한순간에 사라지는 이유는 자신의 능력을 주체하지 못하고 칼을 휘둘렀기 때문입니다. 자신에게 주어진 칼은 상대를 베기도 하지만 때로는 자신을 벨 수도 있습니다. 절제는 쉽게 따라 하기 어려운 만큼 할 수만 있다면 자신의 평온과 주변의 행복을 돕는 명약입니다.

제가 만난 성공한 사람들은 사석에서 그런 얘기를 자주 합니다. "나는 절제했어야 했습니다. 쓰는 것을 절제하는 것이 아니라 버는 것을 절제했어야 했어요. 아무리 돈이 많아도 하루 세끼 먹고, 잠은 하나의 침대에서 자며, 그 많은 돈이 자식에게 반드시 도움이 되는 것은 아니라는 것을 몰랐습니다. 그리고 그 시간에 인생에서 의미 있는 일을 하면서 살아야 했었습니다."라고 후회합니다.

부와 명예와 존경을 모두 성취한 성공한 사람들에게서 발견되는 공통된 특징은 그들이 강력한 절제의 힘을 갖고 있었다는 점입니다. 그들은 유혹과 편법에 눈 돌리지 않고 오로지 정도를 걸으며 묵직하게 앞을 향해 나아갔던 것입니다. 계영배가 주는 교훈처럼 적절한 때 멈추는 지혜를 알았던 셈이죠.

둘째, 양보입니다.

어떤 사람은 주변은 아랑곳없이 자기만 잘되겠다고 집착하고 타인을 중상모략하는 사람들이 있습니다. 물이 높아야 배가 뜹니다. 물이 높지 않으면 절대로 배는 뜨지 않습니다. 물이 높으면 배가 뜨고, 주변을 따뜻하게 하면 더불어 나도 따뜻해집니다.

7부에서 잔을 멈춘다는 것은 말은 쉬우나 분명 쉽게 따라 할 수 있는 것은 아닙니다. 그러나 절제와 양보는 오늘날처럼 너나없이 나만 잘살려고 상대를 비하하고, 문제가 생기면 모두 네 탓이라고 상대를 몰아붙이는 이 현실에서 반드시 필요한 요소임은 확실합니다. 7부에서 잔을 멈추는 것은 후회를 줄이고 더불어 삶을 평온하고 아름답게 만드는 것이니까요. 돈도 명예도 사랑도 그릇의 7부까지만 채우고 그 이상은 절제하거나 양보하는 삶의 태도, 바로 거기에 참된 행복과 진정한 성공이 있는 게 아닌가 생각합니다.

Talk 6. 평정심을 유지하는 스트레스 관리법

현대를 사는 대부분의 직장인이 가장 좋아하는 요일은 금요일이고, 가장 싫어하는 요일은 월요일입니다. 멀쩡하던 혈압이 회사만 출근하면 솟구칩니다. 보기 싫은 김 부장을 봐야 하기 때문입니다. 보기 싫은 김 부장을 보는 것이 바로 스트레스이기 때문입니다.

스트레스는 원래 물리학 용어입니다. 고무공을 손가락으로 누를 때 쑥 들어가는 것을 스트레스, 누르는 힘을 스트레서라고 합니다. 직장에서 보기 싫은 김 부장과 만났을 때 김 부장은 스트레서입니다. 스트레서인 김 부장을 만나면 뇌의 신피질과 변연계는 즉시 협상을 시작합니다.

신피질은 계산. 추리. 판단을 하는 이성의 뇌인 반면 변연계는 사랑이나 공포와 같은 감정을 주관하는 뇌입니다. 이런 상황에서 신피질은 이성적입니다. '김 부장이 보기 싫은 인간이지만 인사 안 하고 지나치면 다음 인사고과에서 나쁜 점수를 줄 거야.'라며 인사하자고 부추깁니다. 이때 변연계가 나섭니다. '보기 싫은 김 부장 아는 체하지 말자.'라고 속삭이죠. 이 둘 간의 협상에서 변연계가 이기면

슬그머니 자리를 피하게 되고 스트레스는 발생하지 않습니다. 그러나 신피질이 이기면 억지로 웃고 인사하게 되죠.

이런 몸 상태가 바로 스트레스입니다. 문제는 보기 싫은 김 부장, 즉 스트레서를 피할 수 없다는 데 있습니다. 그래서 해답은 스트레서를 피할 수 없기 때문에 스트레스를 관리하고 해소하는 방법을 찾는 것이 최선이죠. 그렇지 못하면 뒷목이 뻣뻣해지고 각종 스트레스로 수명이 단축될 수 있습니다.

스트레스를 풀지 못하면 사망할 확률이 네 배나 증가한다고 합니다. 스트레스를 풀지 못하고 참아서 생긴 마음의 병이 화병입니다. 전세계에서 오직 한국에만 존재하는 한국인 특유의 정신질환이지요.

그렇다면 스트레스를 해소하기 위해 어떻게 해야 할까요? 먼저 감정에 충실한 변연계를 달래줘야 합니다. 저는 스트레스 상황에서 변연계를 달래기 위해 두 가지 방법을 사용합니다.

첫째, 상처 입은 오감을 달래주는 것입니다. 좋아하는 향수를 몸이나 차에 뿌려서 그 향을 맡으면서 후각을 통해 기분을 좋게 합니다. 좋아하는 음악을 들으면서 귀를 즐겁게 하죠. 영화에 푹 빠져서 두 시간 동안은 영화의 주인공이 되어 우주를 날기도 하고, 정의의 사자가 되어 나를 완전히 놓아버립니다. 이 시간은 송진구라는 컴퓨터가 재 부팅되는 리셋 시간입니다. 그리고 매운 음식(특히 닭발)을 먹습니다. 매운 맛을 내는 캡사이신은 미각이 아니고 통각입니다. 혀에 고통을 주죠. 이때 인체에서는 이 고통을 잊게 해주려고 뇌에서 엔도르핀endorphin을 분비합니다. 엔도르핀은 인체 내부endo에서 나오는 모르핀morphine이라고 할 만큼 사람의 기분을 좋게 해줍니다. 그리고 사랑하는 사람과 포옹하면서 기쁨을 느낍니다.

둘째, 복식호흡을 합니다. 3초 동안 아랫배가 나올 정도로 코로 숨을 들이쉬고, 6초 동안 뱃가죽이 등에 붙을 정도로 몸 안의 모든 공기를 입으로 배출합니다. 열 번 반복하면 약 90초가 소요됩니다. 그러면 화가 사라지는 것을 느낄 수 있습니다. 90초의 근거는 열 받은 상황에서 조용히 90초만 참으면 눈 녹듯이 사라지고, 못 참으면 화가 화를 부른다는 하버드대학교 질 테일러 박사의 이론에 따른 것입니다.

이제 스트레스 때문에 화가 나더라도 열 받지 말고 오감을 달래주고, 복식호흡을 하면서 평정심을 유지해볼 것을 권합니다.

멀리 보지 마라

나치수용소에서 끝까지 살아남은 사람들은 가장 건강한 사람도,
가장 영양 상태가 좋은 사람도, 가장 지능이 우수한 사람도 아니었다.
그들은 살아야 한다는 절실한 이유와 살아남아서 해야 할
구체적인 목표를 가진 사람들이었다.
목표가 강한 의욕과 원동력을 지속적으로 제공했기 때문에 살아남을 수 있었던 것이다.
― **빅터 프랭클,《죽음의 수용소에서》**

Talk 1. 등산에서, 멀리 보면 힘들어진다

동트기 전에 랜턴을 켜고 출발하는 산티아고 순례길, 이때 그날 하루 갈 길이 정해집니다. 어둠이 물러가고 동이 트면 길이 보이기 시작합니다. 어떤 날은 거대한 산이 앞을 가로막고 있고, 어떤 날은 지평선이 끝없이 펼쳐져 있습니다. 출발부터 기가 팍 질리고 힘이 빠집니다.

'저 산을 어떻게 넘고, 저 지평선을 어떻게 가누.'

그러나 저 산을 넘고, 저 지평선을 지나야 빵을 먹고 잠을 잘 수가 있습니다.

부상당한 발가락과 발목은 더욱 부어오릅니다.

힘든 하루를 걷고 있을 때 정영화 형에게서 문자가 왔습니다.

> 긴 여정의 고통을 이겨내는 방법은 '절대로 멀리 보지 말아라.'입니다
> 일정이 마무리될 10월 말은 안 올지도 모른다 생각하고 하루하루, 10
> 분, 1미터 앞만 생각하고 묵묵히 걸으세요.
> 죄지어 지옥에 떨어진 죄인처럼 영원히 그 고통을 감내할 수밖에 없
> 다 생각하며 순간순간을 견디다 보면 언젠간 끝이 있겠지 뭐~^^
> 자~^^ 이 대목에서 끝까지 파이팅!
>   - 송 교수의 건투와 Dream의 실현을 응원하고 있는 정영화 배

등산을 좋아하는 선배가 터득한 것은 산을 올라갈 때 힘들면 앞
사람의 발뒤꿈치만 보라는 것이었습니다. 그러면 걷기가 편안해진
다는 것이었습니다.

그렇습니다. 먼 길은 멀리 보면 가기 힘듭니다. 완주하기 힘들어지
죠. 걸어온 것보다 더 많은 거리가 남아 있기 때문에 멀리 보면 안 됩
니다.

바로 발 앞을 보고 한 걸음씩 발을 옮겨야 합니다. 멀리 보면 오르
기도 전에 지칩니다. 발 앞을 보고 한 걸음씩 발걸음을 옮기다 보면
언젠가는 목적지에 도착하게 됩니다. 열 걸음을 걸었으면 목적지에
는 그만큼 가까워진 것입니다. 백 걸음을 걸었으면 역시 그만큼 가까
워진 것입니다.

구름으로 뒤덮인 산

산중의 일출

넘어야 할 산

Talk 2 。내일은 오지 않을지도 모른다

《경인일보》에 수요칼럼을 기고하는데, 산티아고 다녀와서 겪은 충격적인 사실을 기반으로 쓴 칼럼을 그대로 옮깁니다.

내일이 먼저 올지, 다음 생이 먼저 올지 아무도 모른다

며칠 전 충격적인 전화를 받았습니다. 연합뉴스 TV 특집 〈멘토와 함께 걷는 산티아고 순례길〉 다큐멘터리를 촬영하러 스페인에 함께 갔던 어대일 PD가 뇌출혈로 쓰러졌다는 전화였습니다. 쓰러지기 전날도 며칠 동안 밤샘 편집 작업을 하다고 쓰러진 것을 발견하고 응급실로 옮겼다고 합니다. 우리는 스페인 산티아고 순례길을 30일 동안 걸으며 24시간을 함께 보낸 특별한 인연인 터라 충격과 안타까움이 더했습니다. 한국에 돌아와서도 가끔 만났는데 며칠 후에 함께 갔던 촬영감독과 셋이서 '소맥'을 하기로 약속해놓고 쓰러진 것입니다.

병실에 가보니 의식이 없는 상태로 침대에 누워 기도에 꽂은 호스로 힘겹게 숨을 몰아쉬고 있는 안타까운 상황이었습니다. 담당의사는 현재로서 최선의 상태는 혼수상태로 살아야 한다는 충격적인 진단을 내렸습니다. 그렇게 건강하던 사람이 어떻게 순식간에 이렇게 쓰러질 수 있을까 생각하니 어이없고 안타깝고 비통한 마음뿐이었습니다. 나이는 35세로 결혼도 하지 않았고, 지나치리만큼 건강한 체력을 지니고 있었습니다.

이 땅의 사람들은 참으로 열심히 일합니다. 미국 CNN이 뽑은 '한국의 세계 최고 10가지' 중 하나가 일중독입니다. OECD 국가 중 가장 높은 수준의 교육을 하고 있는 한국은 공부하던 습관을 버리지 못하고 늦게까지 일한다고 하면서, 한국의 주당 근무시간이 OECD 평균인 32.8시간보다 훨씬 많은 44.6시간이라고 소개하고 있습니다. 저 역시 일중독입니다. 하루에 서너 시간 잠자기 일쑤고 3일 동안 뜬눈으로 일한 적도 있을 정도입니다.

우리는 왜 이렇게 미친 듯이 일할까요. 아마 오늘보다 나은 내일을 위해서일 것입니다. 오늘보다는 내일 더 잘살아보겠다는 일념으로 열심히 일할 것입니다. 그것이 대한민국의 오늘을 만든 기적이기도 했습니다.

그런데 만에 하나라도 오늘을 철저하게 희생하면서 자신의 모든 것을 다 바쳐 준비하고 기대하던 내일이 막상 가보니 존재하지 않는다면 어떤 심정일까요? 얼마나 비통하고 억울할까요? 그런 일이 일어나지 않는다고 누가 장담할 수 있을까요?

어 PD를 면회하고 돌아오는 길에 티베트 속담이 생각났습니다.

"내일이 먼저 올지, 다음 생이 먼저 올지 아무도 모른다."

오늘의 나를 만든 것은 어제의 노력과 집중이고, 내일의 나를 만드는 것 역시 오늘의 헌신과 인내임에는 틀림없으니 순간순간 열심히 살아야 하는 것은 자명합니다. 그러나 너무 먼 미래를 위해서 오늘을 볼모로 잡히지는 말아야겠다는 생각을 해봅니다. 내일보다 다음 생이 먼저 올 수도 있기 때문이죠.

하고 싶은 것 있으면 지금 하고, 보고 싶은 사람 있으면 지금 보고 살아야겠다는 생각을 합니다. 새로 돋아나서 봄 산을 덮는 연둣빛 나뭇잎의 싱싱함도 느껴보고 봄꽃의 현란한 향기도 맡으면서 살아가길 원합니다.

그러면서 더할 나위 없는 욕심이겠지만 다음 생보다 내일이 먼저 왔으면 좋겠다는 바람을 해봅니다. 내일보다 다음 생이 먼저 닥쳐서 사랑하는 사람과의 마지막 이별 얘기도 못 하고 영원히 헤어지는 일이 없기를 바라봅니다.

그러나 그것은 불가능한 일입니다. 그것은 우리 인간 영역 밖의 일입니다. 인간이 할 수 있는 방법이 있다면 오늘이 마지막인 것처럼 사는 것뿐입니다. 불확실한 내일에 대한 막연한 기대를 하지 말고 다시 오지 않을 오늘을 마지막 날처럼 사는 것입니다.

사랑하는 사람이 언제나 내 곁에 있을 것처럼 생각하지만 가만히 들여다보면 그렇지 않다는 것은 어렵지 않게 알 수 있습니다. 우리 중에 누군가는 내일 아침을 만나지 못하고 다음 생을 먼저 만날 수도 있기 때문입니다. 그러나 우리는 애써 자기최면을 걸죠. '나는 아닐 것이다.'라고요. 그러나 그것은 아무도 알 수 없는 일입니다.

어대일 PD의 회복을 기도합니다. 머리가 커서 더 사람 좋아 보이는 그 웃음을 다시 보고 싶습니다. 이 봄의 나뭇잎이 얼마나 싱싱한지, 봄꽃 향기가 얼마나 현란한지를 다시 느끼게 하고 싶습니다.

그리고 원합니다. 저도 오늘을 느끼고, 만지고, 붙들 수 있기를. 그동 안 복잡한 일정 때문에 "다음에 소주 한잔 하시죠."라며 미뤄왔던 사람 들과 '소맥'을 대취하도록 마시고 싶습니다. 그리고 대취해서 기억이 없 어지더라도 이 말만은 기억하고 싶습니다.

"내일이 먼저 올지, 다음 생이 먼저 올지 아무도 모른다."

이 책을 읽고 있는 당신께 권합니다. 오늘 모든 일정을 제쳐두고 백화점으로 가세요. 오늘 '지름신이 강림했다'고 생각하고 카드를 긁어보길 권합니다. 옷도 사고, 가방도 사고, 구두도 사세요. 그동안 마음속에만 두고 살았던, 마음에 두었던 차도 계약하세요.

우리가 카드를 못 긁는 이유가 뭡니까? 다음달 카드 청구서 나올 것이 무서워서 못 긁는 것 아닙니까? 그동안 그렇게 살아왔는데 정 작 카드 청구서보다 다음 생이 먼저 오면 얼마나 허무할까요.

결혼하신 분들이라면 배우자에게 문자를 보내세요.

"여보, 나 며칠 동안 집에 못 들어갈 것 같아요."

"왜요?"

"그동안 우리 가족을 위해서 너무 고생한 이 사람에게 여행도 시 켜주고 맛있는 것도 먹여주고, 선물도 사주고 싶어."

"그게 누군데요?"

"나야!"

결혼 안 하신 분 중에 썸을 타거나 밀당하는 사람이 있으면 바로 문자 하세요. 오늘 만나자고. 그리고 만나면 결혼 날짜 잡으세요. 이모저모 재다가 결혼 못 하면 나이는 먹고 눈은 높아져서 결혼이 더 힘들어집니다. 일단 결혼해보세요. 해서 아니면 다시 하면 됩니다. 작년에 32만 쌍이 결혼하고 11만 쌍이 헤어졌어요.

물론 웃자고 한 얘기입니다만 그냥 웃어넘길 일만은 아니라는 것을 잘 아실 것입니다.

가장 위로받고 존중받아야 할 사람이 누구일까요? 자식? 배우자? 아닙니다. 바로 당신 자신입니다. 당신이 없으면 자식도 배우자도 비탄에 빠지고 경제적인 위기에서 허덕이며 극빈층으로 전락할 것이니까요.

가장 소중한 자신을 위로해주는 것을 게을리하지 말아야 합니다.

어대일 PD가 저렇게 쓰러질 줄 알았더라면 며칠을 날밤을 새웠을까요? 인생의 원대한 꿈을 위해서 열심히 일하는 것은 당연하고 아름다운 일입니다. 그러나 그것에 모든 것을 볼모로 잡힌다는 것은 지혜롭지 못한 일입니다.

오늘을 놓치지 마십시오.

내일이 먼저 올지, 다음 생이 먼저 올지 아무도 모릅니다.

내면을 보는 눈을 가져라

당신의 하루는 1440분으로 이루어져 있다.
하루 가운데 단 1퍼센트의 시간을 학습, 생각, 그리고 계획하는 시간으로 투자하라.
그러면 이 14분이 당신에게 가져다주는 보상에 놀라게 될 것이다.
— 컬린 터너

 **내면을 보는 눈을 가져라**

일행 중 한 명인 배요가 씨는 30세의 여성 요가 강사였습니다. 그녀는 전에 산티아고 순례길에 도전했다가 부상을 입어 중간에 포기한 사람입니다. 그 부상을 치료하려고 요가를 하다가 요가 강사가 된 사람입니다. 그래서 이번 여정에서는 완주하고 싶다는 목적을 갖고 응모해서 선발된 사람입니다.

대학 졸업 후 취직한 적이 없는 강사이기도 합니다.

"왜 취직을 안 했나요?"

"저는 여행이 취미인데 취직하면 1년에 7주일 정도밖에 휴가가 없어서 여행을 다닐 수 없다는 생각에 아예 취직을 하지 않았어요."

배요가 씨도 박사진 씨도 취직에 관해서는 같은 시각이었습니다. 취직은 생각이 없었고 여행과 취미가 전부인 사람들이었습니다. 제 상식으로는 이해할 수 없는 사람들이었지만 한편으로는 부럽기도 했습니다.

배요가 씨를 대상으로 강의하는 날이 왔습니다.

좋아하는 것은 여행과 요가, 싫어하는 것은 취직.

배요가 씨의 문제는 좋아하는 여행을 하려면 필수 요건이 돈인데 그 돈을 벌 수 있는 상황은 쉽지 않다는 것이었습니다. 이 상태로 가다 보면 두 가지 궁지에 몰리게 되는 것이죠.

취직을 못 했으니 돈을 못 벌고, 돈을 못 버니 여행을 못 가는 상황입니다.

쉽지 않은 상황인데 다음과 같은 솔루션을 주었습니다.

세상에서 가장 좋은 직업은 자신이 좋아하는 것을 직업으로 삼는 것입니다. 그러면 평생 일을 하지 않아도 됩니다. 일이 아니고 취미이자 놀이이기 때문이죠.

차선은 잘하는 것을 직업으로 삼는 것이고, 최악은 좋아하지도 잘하지도 못하는 것을 직업으로 삼는 것입니다. 단순하게 먹고살기 위해서 한 번밖에 없는 가장 고귀한 삶을 저당 잡히는 것이죠.

사실은 상당수의 사람들이 세 번째 직업을 갖고 삽니다.

배요가 님의 최선의 직업은 무엇일까요?

자신이 좋아하는 것을 직업으로 삼는 것입니다. 요가를 좋아하고 여행을 좋아하죠.

자, 그럼 현재 상태에서 요가로 돈을 벌고 그 돈으로 세계여행을 다니면서 행복하게 살 수 있을까요? 불가능합니다.

이미 요가업계에는 내로라하는 전문가들이 포진해 있고, 더구나 배요가 씨는 요가를 전공하지도 않았기 때문에 자신이 아무리 실력이 있더라도 시장에서는 인정하지 않을 겁니다.

자, 그럼 이 방법은 어떨까요?

우리가 걷고 있는 이 산티아고 순례길에 요가센터를 오픈하는 겁니다. 대단한 센터가 아니라 마당에 돗자리를 펴고 교실을 여는 겁니다. 그래서 지치고 힘든 순례자들의 발과 몸을 푸는 교육을 시켜주는 겁니다. 우리가 매일 겪는 것처럼 이 길을 걷는 사람들은 누구나 통증에 시달립니다. 그 순례자들의 부상과 피로를 푸는 센터를 여는 겁니다. 물론 무료입니다.

이 센터를 열고 배경에 안내문을 써놓는 것입니다.

나는 한국에서 온 요가 강사인데 산티아고 순례길을 걷다가 당한 부상을 치료하는 과정에서 요가 강사가 되었고, 다시 도전한 순례길을 완주하고 이 길을 걷는 순례자들의 건강 회복을 위해 무료로 이 센터를 열었다.

그리고 1년 후부터 내가 느꼈던 산티아고 순례길의 아름다운 산, 들판, 바람, 구름, 태양, 비를 주제로 전 세계를 돌면서 요가 강좌를 실시할 예정이다. 관심 있는 분들은 연락을 바란다.

그리고 이 메일과 연락처를 기재해 놓는 것입니다.

우리가 이 길을 걸으면서 만난 수많은 사람들처럼 그들 직업 역시 수없이 다를 것입니다. 그중에는 요가 관련된 사람도 있을 것이고 방송국, 신문기자, 작가, 국가별로 유력자들도 있을 것입니다.

이 길을 걷는 사람이 1년에 27만 명이나 되기 때문에 그중에 관심 있는 사람은 자신의 책에 한국인 요가 강사 얘기를 쓸 것이고, 방송국 관련된 사람은 자신의 국가로 초청을 할 것이고, 신문기자 역시 기사를 쓸 것입니다.

그래서 독일, 스위스, 일본, 미국, 호주, 이탈리아 등으로 요가 강좌 출강을 다니는 겁니다.

그들은 단순한 요가 강좌가 아니라 산티아고 순례길의 아름답고 의미 있는 강좌를 듣기 위해 몰려올 것입니다.

그러면 자신이 좋아하는 여행과 요가를 직업으로 삼을 수 있을 것입니다. 그리고 나서 해외에서 인지도를 인정받은 다음에 한국에 입성하는 것입니다. 이미 한국에는 기라성 같은 강사들이 포진해 있을 테니 그들과 다른 경쟁력을 가져야 승부가 나기 때문입니다.

그날 강의를 들은 배요가 씨는 매우 탁월한 솔루션이라며 좋아했습니다. 그러나 그 솔루션을 자신의 것으로 만들려면 자신이 실행해야 한다는 사실도 알고 있을 것입니다.

요즘 학생이나 젊은 청년들을 보면 안타까울 때가 많습니다. 그들은 직업을 선택할 때 가장 중요한 자신의 관점이 아니라 '남들이 나를 어떻게 볼까'에 대한 관심이 많습니다. 이런 생각을 가진 청년들은 모든 것을 이렇게 포장합니다.

'내가 이렇게 하면 남들이 나를 우러러보겠지?'

그래서 그것을 포장하는 데 자신의 청춘을 다 바치는 경우가 많습니다. 시간이 지나면 남는 것이 하나도 없는 빈 껍데기만 남죠.

자신을 보는 눈, 내면을 보는 눈을 가져야 합니다.

내면을 보는 눈이 발달하지 않으면 자존심 때문에 무너집니다.

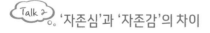 'Talk 2。 '자존심'과 '자존감'의 차이

'자존심'과 '자존감'은 글자 하나 차이지만 의미는 완전히 다릅니다. 본질적으로 보면 판단 기준의 문제입니다. 내 마음의 주인이 '나'냐, '타인'이냐의 문제입니다.

자, 이 둘의 관계를 풀어볼까요?

자존심은 남에게 굽히지 않고 자신의 품위를 지키려는 마음입니다. 자존심은 남이 세워주는 것으로 상대에게 존중받고자 하는 마음입니다. 그래서 상대에게 무시당하면 자존심이 상한다고 생각합니다. 주인이 남인 셈이죠.

자존감은 자기를 소중하게 여기는 마음입니다. 자존감은 내가 세우는 것으로 자신에게 존중받고자 하는 마음입니다. 그래서 자신에게 실망하면 자존감이 손상된다고 느낍니다. 주인이 자신인 것입니다.

결국 자존심은 외부 평가나 비교에 민감한 관점이고, 자존감은 외부 평가는 아무런 상관없이 내가 나를 어떻게 보느냐의 관점입니다.

역사적으로 보면 자존심 때문에 패망한 인물도 많고, 자존감 때문에 성공한 인물도 많습니다. 우리가 모두 알고 있는 두 인물을 분석해보겠습니다.

자존심이 최강자인 항우는 진나라를 멸망시킨 인물로 8년 동안 70여 차례의 싸움에서 단 한 차례도 패한 적이 없는 그야말로 천하무적의 전사였습니다. 팽성 전투에서는 고작 5만 명의 군사로 열한 배에 달하는 56만의 유방 군사를 무찌른 천하무적이었습니다.

그러나 항우는 의심 때문에 자신보다 똑똑한 사람은 부하로 등용하지 않았을뿐더러 죽이기까지 했습니다. 그렇게 대단했던 항우가 유방과 한신의 군대에 포위당해서 오도 가도 못 하고 있었습니다. 사방에서 초나라 노래가 들려오자 항우가 실성한 사람처럼 얘기했습니다.

"큰일 났군, 큰일 났어. 유방이 초나라를 점령한 모양이군. 그렇지 않고서야 저렇게 많은 초나라 사람이 한나라 군영에 있을 리가 없지 않은가!"

사면초가四面楚歌라는 말은 이때 나온 말입니다. 당대 최고의 미인이었던 항우의 아내 우희는 이날 사면초가의 현장에서 스스로 목숨을 끊습니다. 항우는 사면초가의 포위망을 뚫고 도망갑니다. 그러다 강을 만납니다. 그 강을 건너지 못하면 항우는 죽음을 피할 수 없죠. 그 많던 병사들이 죽거나 도망가고 항우의 곁에는 26명의 병사들만 남아 있을 때 부하인 정장이 강기슭에 배를 댄 후 속히 배에 오르라고 항우를 재촉하면서 말합니다.

"강동은 비록 작지만 1천여 리가 넘는 땅이 있고 수십만의 인구가 있습니다. 강을 건너 강동에 이르면 다시 왕위에 오르실 수 있습니다."

항우는 강동의 고향 사람들을 볼 면목이 없다는 이유로 배에 오르기를 거절하고, 울면서 스스로 목을 베어 자결을 하고 맙니다. 그때 항우의 나이 31세였습니다. 우희와 항우의 가슴 아픈 이별 이야기가 중국의 경극 중 가장 압권인 〈패왕별희〉입니다.

고향 사람들을 볼 면목이 없다는 것은 '자존심이 상한다'는 의미로 해석할 수 있습니다. 항우가 그 배에 오르고 후일을 도모했더라면 중국의 역사는 바뀔 수도 있었을 텐데 항우는 자존심 때문에 자결을 합니다. 오랜 세월이 흘러 두보가 자존심 때문에 너무도 성급하게 자결한 항우를 연상하며 자결을 질타하는 시를 지었습니다.

"승패는 병가도 기약할 수 없으니, 수치를 싸고 부끄러움을 참음이 남아로다."

자존감의 최강자 한신은 어렸을 때 끼니조차 이을 수 없는 형편 때문에 밥을 얻어먹고 사는 거렁뱅이로 무능력한 인물로 취급되었습니다. 한신은 항상 큰 칼을 차고 다녔는데, 이를 못마땅하게 본 불량배들이 한신에게 한판 붙자고 시비를 걸더랍니다. 아무리 시비를 걸어도 대응하지 않자 불량배들이 자존심을 건드립니다.

"네가 진정 사내대장부라면 나를 죽이든가 아니면 내 가랑이 사이로 개처럼 기어가라."

"그래, 너를 베지는 않겠다. 너를 죽이려면 얼마든지 죽일 수 있지만 내가 너를 베면 얻는 것보다 잃는 것이 많으니 너를 베지 않고 가랑이 사이로 지나가겠다."

그때부터 한신은 거렁뱅이에다가 불량배 가랑이 사이로 기어간 겁쟁이로 비웃음의 대상이 되었습니다.

한신도 초기에는 항우의 수하였으나 미천한 신분 때문에 중용되지 못했고 나중에는 유방에게 몸을 의탁했습니다. 결국 한신은 유방을 도와서 항우를 물리치고 천하를 통일합니다. 이후 한나라는 기원전 206년부터 기원후 220년까지 무려 400여 년 동안 중국을 지배하게 됩니다. 중국 역사상 이렇게 오래도록 중국을 지배한 왕조는 없었습니다. 당나라, 명나라, 청나라도 매우 강력한 왕조였지만 300년을 넘기지 못했습니다. 그래서 중국글자를 한자漢字, 중국민족을 한족漢族이라 부르는 것입니다. 한나라는 기원후 220년에 마지막 황제인 헌제가 강압에 의해 조조의 아들 조비에게 제위를 물려줌으로써 역사에서 사라지게 됩니다.

유방이 천하를 통일할 때 결정적으로 유방을 도운 세 명의 장군이 있습니다. 전쟁에는 한신, 전략에는 장량, 행정에는 소하가 있었죠. 유방으로부터 초나라 왕에 봉해진 한신은 금의환향하면서 자신이 빌어먹던 시절 밥을 주었던 집으로 찾아가서 천금으로 사례를 합니다. 그리고 자신을 가랑이 사이로 지나가게 한 그 불량배를 찾아냈습니다.

"내가 당시에 너를 죽이지 않은 이유가 무엇인 줄 아느냐? 너는 내게 1원어치도 가치가 없는 놈이었다. 1원어치도 가치가 없는 너를 내 자존심 때문에 죽였더라면 나는 평생 살인자로 도망 다니다 인생이 끝났을 것이다. 내가 너를 죽이지 않는 방법은 하나밖에 없었다. 네 가랑이 사이를 지나가는 것이었지. 물론 남들이 나를 비웃을 것을 알고 있었지. 그러나 남들은 관심 밖의 일이었다. 나는 존중받으면 되었다. 남들이 아니라 나로부터. 그래서 너를 죽이지 않은 것이었다."

그리고 그 불량배를 치안을 담당하는 간부로 임명하였습니다.

항우는 자존심 때문에 후일을 도모하지 못하고 자결해서 인생을 마감했고, 한신은 자존감으로 무장해서 후일을 도모했기 때문에 천하를 통일할 수 있었던 것입니다. 내 마음의 주인이 내게 있느냐 타인에게 있느냐가 인생을 결정합니다. 자존심을 버리고 자존감을 키울 때 내 마음의 진정한 주인은 내가 되는 것입니다. 항우는 밖을 보는 눈만 발달했기 때문에 31세의 나이로 자결했고, 한신은 내면을 보는 눈이 발달했기 때문에 그런 치욕을 이기고 천하를 통일한 것입니다.

Talk 3. 내면을 보는 눈을 가져야 한다

항우의 자결은 한 번도 패해보지 않았기 때문입니다. 바닥을 경험한 적이 없는 것이죠. 한 번도 바닥을 경험해본 적이 없기 때문에 한 번의 패배로 무너진 것입니다. 31세 이전에 한두 번 패했더라면 자살하지 않았을 수도 있습니다.

한신은 삶 자체가 바닥이었어요. 그래서 웬만한 바닥은 끄떡없습니다. 실패와 좌절로 단련됐기 때문입니다. 성장을 위해서는 적절한 좌절은 필수조건입니다. 자존감을 강화시키기 위해서는 결핍과 고통은 필수조건입니다. 자존심 상해서 아픈가요? 고통스러운가요? 그것을 참아내야 합니다. 그것은 자존감을 강화시키는 과정입니다.

절대로 무릎 꿇지 마세요.

밖을 보는 눈만 발달한 사람들은 남이 나를 어떻게 볼까 노심초사하기에 삶이 복잡합니다. 정신이 없습니다. 일이 일을 만들고 방향성도 목적도 없이 계속 움직입니다. 집중하지 못합니다. 그러나 안을 보는 눈이 발달한 사람은 삶이 단순합니다. 거칠 게 없고 눈치를 보지도 않습니다. 하지만 무리가 없고 그런 일 때문에 문제가 생기지도 않습니다. 밖을 보는 눈이 발달한 사람과 있으면 머리가 아프고, 안을 보는 사람과 있으면 시원합니다. 밖을 보는 사람은 간단한 문제를 복잡하게 만들지만, 안을 보는 사람은 복잡한 문제를 간단하게 만듭니다. 자신을 보는 눈, 내면을 보는 눈을 가져야 합니다. 안을 보는 눈을 발달시켜야 합니다.

강의할 때 CEO들께 묻습니다.

"당신의 자존심은 얼마의 가치가 있습니까?"

응답하는 CEO들은 각기 자신의 사업 규모만큼 다른 금액을 얘기합니다.

100억 원, 1000억 원, 1조 원이라고!

자, 그럼 자존심의 가치가 얼마나 되는지 한번 따져볼까요? 가치라 함은 거래가 기준입니다. 파는 사람이 있으면 사는 사람이 있어야 가치가 형성되는 것입니다. 제가 산티아고 순례길을 걷다가 갈증난 상태에서 산꼭대기에서 물을 파는 사람을 만났다고 해봐요. 그 물 한 병이 가게에서는 1000원인데 산꼭대기에서는 1만 원에 파는 겁니다. 제가 살까요, 안 살까요?

당연히 사죠. 그때 그 물의 가치는 얼마죠? 당연히 1만 원입니다.

자, 당신의 자존심을 판다고 해볼까요? 당신의 그 자존심을 타인이 얼마를 주고 살까요? 1원도 안 줍니다. 남들은 1원도 안 주는 자존심에 혼자만 모든 것을 걸고 있는 것입니다. 그게 누굽니까? 바로 당신입니다. 상대는 1원도 안 주는 그 자존심에 당신만 목숨을 걸고 있는 것입니다. 이 얼마나 안타깝고 슬픈 일입니까.

따라서 오늘부터 1원도 가치가 없는 이것은 모두 찢어서 버리십시오. 그것이 자존심입니다. 대신 자존감으로 무장하세요. 그 자존감의 주인은 당신입니다.

위대한 인물들은 내면을 보는 눈이 발달한 사람들입니다. 그들은 혼자 있는 시간을 활용해서 매사를 신중하게 생각하고, 명상합니다. 그리고 자신을 가장 잘 아는 자신에게 늘 묻습니다. 혼자만의 시간을 갖고 자신의 내면을 들여다보고 자존감을 강화시키면 내 인생의 주인은 내가 되는 것입니다.

Talk 4。 인생의 평형수는 눈물이다

평형을 이루고 있는 상태에서 외부로부터 작용한 힘으로 평형 상태가 무너졌을 때 다시 평형 상태로 되돌아가려는 힘을 복원력이라고 합니다. 복원력이 가장 중요하게 적용되는 곳이 배입니다. 배가 파도나 급격한 방향 전환 등 외부의 힘으로 기울어지려고 할 때, 그 외부의 힘에 저항하여 기울어지지 않으려고 하거나 기울어지게 한 원인을 제거했을 때 원래의 상태로 되돌아가려는 성질인 복원력이 항해에서 가장 중요한 요소입니다. 따라서 배가 전복되지 않으려면 반드시 적절한 크기의 복원력을 확보하고 있어야 합니다.

배의 복원력 핵심은 평형수입니다. 평형수는 배가 항해할 때 무게중심을 유지하기 위해 배 밑바닥이나 좌우에 설치된 탱크에 채워 넣는 바닷물을 말합니다. 화물을 선적하면 싣고 있던 바닷물을 버리고, 화물을 내리면 다시 바닷물을 집어넣어 선박의 무게중심을 잡습니다. 적절한 평형수로 중심을 유지한 배는 집채만 한 파도나 폭풍도 뚫고 지나갑니다. 그러나 평형수가 없거나 부족한 배는 작은 파도나 폭풍에도 위태롭게 흔들리고 때로는 전복되기도 합니다. 그래서 안전한 항해를 위해서 적절한 평형수는 필수 요소입니다.

인생도 마찬가지입니다. 인생에도 평형수가 있습니다. 배의 평형수가 바닷물이라면 인생의 평형수는 눈물입니다. 고단한 인생을 살면서 장이 끊어지는 듯한 경험으로 흘리는 좌절과 절망, 슬픔과 아픔의 눈물이 인생의 평형수입니다. 고통을 인내하고 극복하면서 흘리는 눈물은 내 삶의 평형수가 되어줍니다. 그래서 그 평형수는 내 삶의 중심으로 자리잡아서 어지간한 인생 풍랑에도 견딜 수 있는 복원력이 됩니다. 평형수인 눈물이 부족한, 즉 삶의 아픔과 경험이 부족한 사람은 인생에서 풍랑을 만나면 추풍낙엽처럼 흔들립니다.

중심을 못 잡고 흔들리다가 좀 더 심각한 풍랑을 만나면 전복되고 맙니다.

그래서 돌이켜 생각하기 싫을 정도의 아픔을 갖고 있다면 그 사람은 인생의 평형수를 갖고 있고 복원력이 있는 사람입니다. 그런 평형수를 갖고 있는 사람은 살면서 만나는 웬만한 좌절과 절망은 별것 아닙니다. 인생이라는 먼 항로를 끝까지 안전하게 가려면 평형수를 채워야 합니다. 같은 조건에서 어떤 배는 전복되고 어떤 배는 견디는 이유는 배의 크기가 아니라 복원력의 크기 때문입니다. 사람 또한 마찬가지입니다. 사람은 실패의 크기 때문에 죽는 것이 아니라 절망의 깊이 때문에 죽습니다. 감당하지 못하는 절망이 사람을 죽입니다. 그런데 흥미로운 사실은 그 절망의 깊이는 스스로 정한다는 사실입니다. 어떤 일이 발생하면 별것 아닌 것이라고 생각하는 사람도 있고, 모든 것이 끝났다고 생각하는 사람도 있습니다. 그 역시 발생한 사건의 크기 차이 때문이 아니고, 그 사람이 갖고 있는 복원력의 차이 때문입니다. 따라서 복원력의 핵심인 인생의 평형수를 채우는 일을 게을리하지 말아야 합니다.

그럼 어떻게 인생의 평형수를 채워야 할까요? 예고 없이 수시로 찾아와서 나를 덮치는 아픔에 관해서 생각을 바꾸면 됩니다.

'아, 이 아픔 때문에 흘리는 뜨거운 눈물은 내 인생의 평형수가 되겠구나. 이 눈물이 인생의 결정적 위기에서 나를 구하겠구나.'

그렇게 생각을 바꾼다면 아픈 경험을 대하는 태도가 달라질 것입니다.

타인에게서 받은 상처 때문에 아파서 눈물이 흐르나요?

넘어설 수 없는 한계 때문에 지쳐서 눈물이 흐르나요?

치욕적인 배신감 때문에 후회의 눈물이 흐르나요?

그 눈물을 흔쾌히 받아들이세요. 그 눈물은 인생의 평형수입니다. 눈물은 인생이라는 먼 바다를 항해할 때 흔들리지 않게 중심을 잡아주는 인생의 평형수입니다. 따라서 더 도전하고 더 경험해보세요. 그러면 그 도전과 경험 때문에 당신은 성취도 많아지겠지만 좌절과 절망 또한 비례하여 늘어나게 될 것입니다. 그 과정 속에서 아픔을 만날 때 더 많이, 더 크게 울어보시기 바랍니다. 그때 비로소 알게 될 것입니다. 당신의 복원력이 더 커지고 있다는 사실을. 인생의 평형수는 눈물입니다.

임계치를 극복하라

사람들의 한계는 짐작도 할 수 없다. 세상의 어떤 검사로도 인간의 잠재력을 측정할 수 없다.
꿈을 좇는 사람은 한계로 여겨지는 지점을 넘어 훨씬 멀리까지 나아간다.
우리의 잠재력에는 한계가 없고 대개는 아직 고스란히 묻혀 있다.
한계는 우리가 생각하는 순간 만들어진다.
— 로버트 크리겔 & 루이스 패들러

 임계치를 극복하라

그날, 우리는 비 오는 길을 새벽부터 걸었습니다. 가장 먼저 찾아
온 부상은 오른발 새끼발가락 물집이었습니다. 그리고 다른 부위에
도 물집이 생기기 시작했습니다. 물집이 생긴 부위는 진물이 빠지도
록 바늘로 관통시켜서 실로 묶어놓고 길을 걷습니다. 모든 발에 물
집이 잡히기 시작했고 새끼 발톱이 덜렁거리고 빠지려고 합니다. 그
렇게 오른발가락의 통증이 너무 심하니까 왼발에 무게를 싣고 걷기
시작합니다.

문제는 거기에서 발생했습니다. 왼발에만 체중과 배낭 무게를 실
으니 무리가 가기 시작했고 통증 때문에 더 이상 걸을 수 없는 상황

에 이르렀습니다.

그때 의사가 저에게 핀잔을 줍니다.

"교수님, 제대로 걸어야 합니다. 오른발 아프다고 왼발로 절뚝거리면서 걸으니까 발목에 염증이 생겼는데요. 이 염증이 무릎까지 가면 이 길을 포기해야 합니다. 이 다큐멘터리 제목이 〈멘토와 함께 걷는 산티아고 순례길〉인데 멘토가 부상당해서 집으로 가면 이 사람들 누구랑 갑니까?"

소염제를 먹고, 파스를 뿌리면서 가까스로 다시 걷기 시작합니다. 그러면서 지혜가 생겼습니다. 물집은 어차피 피할 수 있는 것이 아닙니다. 물집이 안 생길 수 없으니 아예 감수하고 걷는 겁니다. 오른발가락에 물집이 생겼어도 오른발로 꽉꽉~ 밟고 지나갑니다. 나중에는 통증이 무뎌집니다. 그렇지 않고 꾀를 부리다가는 발목과 무릎으로 염증이 번져 완주를 포기해야 합니다. 저는 처음에 물집이 생길까 봐 걱정됐고, 발톱이 빠질까 봐 두려웠습니다. 그런데 끝나고 보니 물집은 시간이 지나면 아물고, 발톱은 시간이 지나면 다시 자랍니다. 그렇게 걱정할 일은 아니었습니다.

그러니 한계 상황에서 한발 한발 다시 시작합니다. 그러면 다시 걸을 수 있습니다. 임계치臨界値에 다다를 때 그것을 넘어서니 또 다

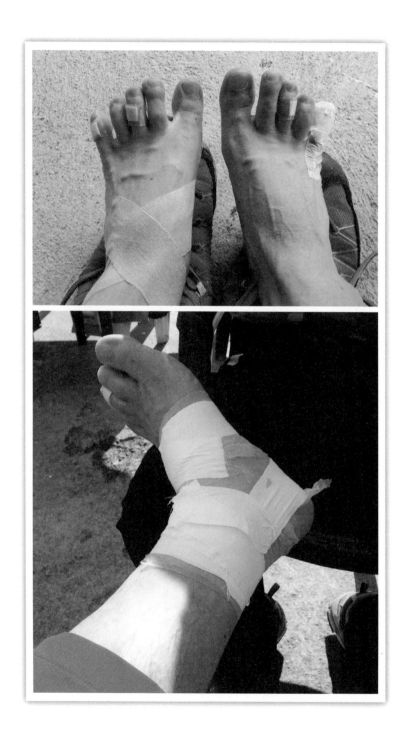

른, 더 큰 임계치가 새로 생기는 것을 느낄 수 있습니다.

임계치에 대해서 생각해볼까요? 임계치는 어떠한 물리 현상이 갈라져서 다르게 나타나기 시작하는 경계의 값을 말합니다. 예를 들어 물을 100℃까지 끓이면 물이 수증기로 바뀌는 현상을 말하는 것이죠. 그래서 흔히 어떤 상태의 마지노선, 한계치에 마주했다는 표현을 임계치에 도달했다고 합니다.

산티아고 800킬로미터의 순례길을 배낭을 메고 걸으면서 다양한 임계치를 경험했습니다. 열 개의 발가락에 모두 물집이 터지고, 발목에 염증이 생기고, 허리 부상까지 겪어야 했습니다.

부상당한 몸을 끌면서 가파른 산길과 끝없이 펼쳐진 지평선을 따라 걷다 보니 수시로 한계에 이릅니다. 포기하고 주저앉고 싶었습니다. 배낭도 팽개치고, 등산화도 집어 던지고 싶었습니다. 그리고 집으로 돌아가고 싶었습니다. 더 이상 나아갈 수 없는 한계 상황, 임계치에 다다른 것입니다.

그런데 한계를 극복하고 한발 한발 걸으면서 신기한 일이 생겼습니다. 그날 그날 걸어야 하는 목표 거리가 다른 순례길을 걸으면서 마음 상태가 달라지는 것입니다. 25킬로미터를 처음 걸어본 날부터 그 다음 날 걷는 목표가 25킬로미터 정도면 어렵지 않게 느껴집니다. 30킬로미터를 걸어본 다음 날부터 30킬로미터는 별것 아닙니다. 35킬로미터를 걷고부터는 역시 35킬로미터는 별것 아닙니다.

처음에는 과연 내가 완주할 수 있을지 걱정으로 시작한 길이었지만 하루에 35킬로미터를 걸은 다음부터는 그 다음 날 걷는 거리가 35킬로미터 이내면 자신감이 생기는 것입니다.

임계치는 한 번만 넘어보면 그 한계가 늘어납니다. 마치 고무줄처럼. 그래서 자신의 임계치를 한 번만이라도 넘어보면 지금까지는 생각하지 못했던 또 다른 차원의 임계치가 생긴다는 것을 새삼 느꼈습니다.

하버드 대학교 윌리엄 제임스 교수는 "인간은 평생 자신에게 잠재된 능력 중에서 불과 5~7퍼센트밖에 사용하지 못한다. 그리고 그것이 자신의 모든 능력이라고 믿으면서 살아간다."라고 주장했습니다. 자신이 정한 임계치 안에서 살다가 죽는 것이죠.

세렝게티에서는 매일 죽고 사는 달리기가 펼쳐집니다. 사자는 잡으려고 달리고, 가젤은 살려고 달립니다. 그런데 사자, 표범, 치타 같은 동물은 500미터 이상 전력질주할 수 없다고 합니다. 체온이 급상승해서 목숨이 위태롭기 때문입니다. 그래서 가젤을 쫓을 때는 500미터 안에서 승부를 내야 합니다. 그러기 위해서 사자는 장시간 잠복하고 기다리면서 가젤과의 거리를 줄이려고 노력합니다. 반대로 가젤은 일단 500미터만 잘 뛰면 살 수 있습니다.

그런데 사자와 가젤 중 생존율이 누가 높을까요. 상식과는 달리 가젤이 높습니다. 아프리카 세렝게티에서 사자의 생존율은 10~20퍼센트, 가젤은 30~40퍼센트입니다. 그리고 사자가 쫓고 가젤이 도망가는 상황에서 가젤이 이길 확률은 무려 80퍼센트나 됩니다. 사자는 열 번의 추격 끝에 두 번만 가젤을 잡을 수 있다는 뜻입니다.

가젤은 어떻게 열 번의 도망 중에 여덟 번이나 살아서 달아날 수 있을까요. 어떻게 그것이 가능할까요. 답은 간단합니다. 무엇을 걸고 달리느냐의 차이입니다. 사자는 실패하면 한 끼의 식사를 놓치는 것으로 끝나지만, 가젤은 실패하면 목숨을 잃기 때문입니다. 그렇습니다. 사자는 한 끼를 걸고 달리지만 가젤은 목숨을 걸고 달리기 때문에 80퍼센트의 승률이 있는 것입니다.

임계치의 핵심은 절실함입니다. 포기할 수 없다는 절실함, 한계를 넘어보자는 절실함, 죽지 않고 살겠다는 절실함입니다. 사자는 목숨을 잃을까 봐 500미터 이상 전력질주하지 않고 포기하지만, 가젤은 절대로 포기하지 않습니다. 사자에게 물려 죽으나 체온 급상승으로 죽으나 다를 바가 없기 때문입니다.

그래서 때로는 스스로에게 자문해볼 필요가 있습니다. 나는 진정으로 절실하게 도전했는가? 임계치를 넘고자 전부를 걸었던가? 혹시 한 발 뒤로 빼고 대응하지는 않았던가? 적당하게 타협하려 들지 않았던가? 사자와 가젤은 타협할 수 없는 관계입니다. 내 삶도 적당하게 타협할 대상이 아닙니다.

그래서 자신의 새로운 가치, 새로운 세계를 열기 위해서는 임계치와 싸워야 합니다. 임계치와 싸우다가 무릎을 꿇으면 영영 그 임계치를 넘어갈 수 없는 한계가 되는 것입니다.

그래서 성공과 성취를 경험한 사람들은 언제나 새로운 임계치를 경신합니다. 절대로 굴복하지 않습니다. 한 번만 더 시도하면 그 임계치를 넘어갈 수 있다는 것을 알기 때문에 멈추지 않는 것입니다.

반대로 임계치를 넘어가본 적이 없는 사람은 늘 중간에 멈추고 맙니다. 스스로 그 임계치를 만들어내고 거기에 굴복하는 것입니다. 그리고 자신의 한계는 여기까지라고 단정해버리는 것입니다. 그러면 거기까지가 자신의 한계가 되는 것입니다.

인간의 한계는 짐작도 할 수 없습니다. 꿈을 이룬 사람들은 인간의 한계로 여겨지는 지점을 넘어 훨씬 멀리까지 나아간 사람들입니다. 그들은 자신의 한계는 자신만이 결정할 수 있다는 것을 알고 있는 사람들이었습니다. 임계치는 자신이 긋는 선입니다.

삶에 지친다면, 어떤 목표를 향해 달리고 있는데 숨이 넘어가는 듯한 힘든 상황에서 포기하고 싶다면 스스로에게 물어보시기 바랍니다. '나는 현재 무엇을 걸고 달리고 있는가?'

⌒Talk 2⌒。임계치를 넘으면 새로운 가치가 탄생한다

사막여우는 귀가 매우 큽니다. 그런데 원래부터 귀가 큰 것은 아니었습니다. 사막여우의 귀가 커진 이유는 온도 때문이었습니다.

6000년 전만 해도 이집트는 사막이 아니었습니다. 그런데 점점 사막화가 진행되어 풀과 나무가 사라지고 그늘이 없어지자 온도의 상승으로 동물들이 죽기 시작했습니다. 사막여우도 예외는 아니었습니다.

사막여우는 생존의 방법으로 체온을 발산시키는 방법을 선택합니다. 그래서 귀를 키우기 시작합니다. 오랜 시간에 걸쳐 귀가 커진 이후로 사막여우는 귀를 통해서 체온을 발산시켰고, 생존을 보장받게 된 것입니다. 자신의 임계치를 극복함으로써 새로운 가치를 탄생시킨 것이죠.

북극여우는 정반대입니다. 귀가 몸속으로 들어가 있습니다. 북극여우 역시 생존을 위해 오랜 시간 동안 귀가 몸속으로 들어가도록 해서 체온 발산을 막아냈고 그것이 오늘날까지 생존을 가능하게 만든 것입니다.

이렇듯 한계치, 임계치를 넘으면 새로운 가치가 탄생합니다. 그래서 자신의 새로운 가치, 새로운 세계를 열기 위해서는 임계치와 싸워야 합니다. 임계치와 싸우다가 무릎을 꿇으면 영영 그 임계치를 넘어갈 수 없는 한계가 되고 맙니다.

그래서 성공과 성취를 경험한 사람들은 언제나 임계치를 새롭게 경신합니다. 절대로 굴복하지 않습니다. 한 번만 더 시도하면 그 임계치를 넘어갈 수 있다는 것을 알기 때문에 멈추지 않는 것입니다.

반대로 임계치를 넘어가본 적이 없는 사람은 늘 중간에 멈추고 맙니다. 스스로 그 임계치를 만들어내고 거기에 굴복하는 것입니다. 그리고 자신의 한계는 여기까지라고 단정해버리는 것입니다. 시작하기도 전에 실패한 경우입니다.

　그리스의 역사학자 헤로도토스는 "이집트는 나일 강의 선물이
다."라고 주장했습니다. 해마다 겪는 나일 강의 범람 때문에 이집트
의 태양력과 기하학, 건축술, 천문학이 발달하였다는 것입니다.

　이러한 원리를 영국 역사가 토인비는 걸작 《역사의 연구》에서 도
전과 응전의 법칙으로 설명하고 있습니다. 자연의 도전에 대한 인간
의 응전이 바로 인간 사회의 문명과 역사를 발전시키는 바탕이 된
다고 본 것입니다

　인류사를 살펴보면 수많은 문명이 등장했었습니다. 그런데 잉카
문명, 마야문명, 메소포타미아문명 등은 그 흔적도 없이 사라진 반
면, 황하문명, 인더스문명, 이집트문명 등은 지금도 건재하다는 것
을 연구한 결과, 그는 자연재해나 외세의 침략 같은 도전을 받지 않
은 문명은 스스로 멸망해버렸지만, 오히려 심각할 정도로 도전을
받았던 문명은 지금까지 찬란하게 발전해오고 있다는 것입니다.

　도전과 응전의 역사는 세계사의 흐름에서 잠시도 쉼이 없이 이어
져 왔습니다. 도전과 응전의 관계는 민족 상호 간에 있어서 힘의 불
균형 내지 세력의 확장에서 발생합니다. 도전에 대한 응전의 저력을
갖추지 못한 민족이나 국가는 자연히 소멸되었던 사실도 세계사는
또한 보여주고 있습니다.

　도전과 응전을 멈추지 않고 지속하다 보면 자신의 임계치를 넘어

서게 됩니다. 그때 전에 갖지 못했던 힘을 갖게 되는 것입니다.

토인비는 심각할 정도로 도전을 받았던 민족이 무너지지 않고 찬란하게 이어지는 원인을 여기에서 찾았던 것입니다.

우리나라 대한민국도 예외는 아닙니다. 우리나라는 1964년 1인당 GDP가 100달러에 불과했습니다. 당시 태국은 220달러, 필리핀은 300달러로 우리보다 두세 배나 잘살았습니다. 우리나라는 북한보다 더 가난했고, 아프리카 그 어떤 나라보다도 가난했습니다. 나무껍질을 벗겨 먹으면서 목숨을 이어갔고, 보릿고개를 넘기지 못한 사람들은 굶어 죽었습니다.

그런데 지금은 당시에 우리보다 잘살았던 나라들과 비교가 되지 않습니다. 그 이유는 무엇일까요? 바로 절박함입니다. 필리핀이나 태국 같은 나라는 먹고사는 문제를 고민하지 않아도 됩니다. 배고프면 과일을 따먹으면 됩니다. 우리는 모를 심어서 벼를 베는 과정을 1년에 한 번밖에 못하지만 그들은 씨앗을 뿌려 벼를 베는 일을 1년에 세 번이나 합니다.

그들은 난방 걱정도 필요 없습니다. 그러나 우리는 겨울에 난방을 하지 않거나 창문이 없으면 얼어 죽고 맙니다. 죽지 않고 생존해야 하는 그 절박함이 오늘의 대한민국을 만든 것입니다. 죽지 않기 위해서 응전하다 보니 자신의 한계, 즉 임계치를 넘어선 것입니다.

5000년 역사에서 1300번이 넘는 외침을 당했지만 우리 민족은 단 한 번도 응전을 멈춘 적이 없었습니다. 한때는 나라를 빼앗긴 적도 있었지만, 역시 응전을 멈추지 않았습니다. 우리 민족은 생존을 위해 목숨을 걸었고 그것이 오늘날 우리의 가장 강력한 저력입니다.

멈추지 않는 도전으로 임계치를 넘다 보니, 현재 IQ 세계 1등 국가, 경제 규모 10등, 더구나 국제 금융위기조차 기회로 만든 나라가 되었습니다.

☁️ Talk 3 ⸰꿈을 이루기 위한 임계치 넘어서기

앞에서 배요가 씨 특강 때 얘기한 것처럼, 세상에는 자기가 잘하는 것을 직업으로, 자기가 좋아하는 것을 직업으로, 자기가 잘하지도 좋아하지도 않는 것을 직업으로(이 영역이 약 80퍼센트) 가진 사람들이 있습니다. 이 중 가장 불행한 직업은 좋아하지도 잘하지도 못하는 일을 하고 사는 것일 것입니다. 가장 행복한 직업은 자기가 좋아하는 일을 하고 사는 것이며, 가장 행복하고 윤택한 직업은 자기가 좋아하는 것을 잘하는 것일 터입니다. 가장 행복한 직업과 행복하고 윤택한 직업의 차이는 좋아하는 일만 하는데 거래가 되지 않으면 굶게 된다는 데 있습니다. 좋아하는 것을 하면 행복하긴 한데 배가 고픈 것입니다. 그러나 좋아하는 일을 잘하면 풍요롭고 행복할 수 있습니다. 잘나가는 배우, 작가, 운동선수 등이 이에 해당될 것이고요.

자, 그럼 문제는 좋아하는 일을 잘하기만 하면 되는 건데, 그러려면 무슨 방법이 없을까요? 우리는 그것을 소위 꿈을 이룬다는 말로 표현합니다. 다음 세 가지 방법입니다.

첫째, 즐기고 견디기입니다.

곤충학자 찰스 코먼은 애벌레가 나비가 되기 위해 고치 구멍을 뚫고 나오는 광경을 지켜보고 있었습니다. 고치에 난 조그마한 구멍으로 나비가 비집고 나오느라 필사의 노력을 하다 힘에 겨운 듯 잠시 잠잠해졌습니다. 죽은 것이 아닌가 하고 손가락으로 살며시 건드리자, 또 필사적인 탈출을 시도하지만 도무지 진도가 나가지 않았습니다. 몇 시간을 기다렸지만 나비는 그 작은 구멍을 뚫고 나오지 못했습니다. 이래서야 영영 나오지 못할 것 같다는 생각이 들었습니다.

찰스 코먼이 보다 못해 안타까운 마음에 가위로 주위를 조심스럽게 잘라 구멍을 넓혀주자, 예상대로 나비는 쉽게 고치 밖으로 나왔습니다.

그런데 고치를 빠져나온 나비는 다른 나비들에 비해 몸통이 아주 작고 가냘프고 찌부러진 날개를 가지고 있었습니다.

찰스 코먼은 '곧 날개를 활짝 펴고 커서 튼튼해지겠지.' 하고 기대하면서 계속 지켜봤습니다. 그러나 실망스럽게도 그 나비는 말라비틀어진 몸뚱이와 찌그러진 날개를 지닌 채, 날지도 못하고 땅바닥을 기어 다니다 얼마 못 살고 죽어버렸습니다.

왜 죽었을까요? 더 견디지 못했기 때문입니다. 힘들더라도 더 견디면서 자기 힘으로 나왔어야 했습니다.

고난은 사람을 좌절시키기도 하지만 강하게도 만듭니다. '날개의 힘'을 키우는 고난을 극복한 나비가 잘 날듯 고난과 역경을 극복한 사람만이 성공을 만끽할 수 있습니다.

처음부터 좋아하는 일을 잘할 수 는 없습니다.

수많은 시간을 견뎌내야 합니다. 스스로 견뎌내면서 깨고 나와야 합니다. 내가 좋아서 이 일을 하지만 이미 이 시장에서는 나보다 먼저 나와서 나보다 잘하는 사람들이 수없이 많습니다. 그들은 이미 오래 전에 시작했고, 오랜 시간을 더 견뎌온 사람들입니다. 그러니 나도 아픔을 견디고 이겨내야 합니다. 그래서 꿈은 성공만 먹고 자라는 게 아니라 실패라는 아픔도 먹고 자라는 것입니다.

어떤 사람은 이렇게 말합니다. 난 10년이나 고생했는데 왜 이래? 왜 안 뜨는 거야? 그런데 어떤 분야에서 20년, 30년을 했어도 아직 뜨지 않은 사람이 많습니다.

그분이 이분을 볼 때 뭐라고 할까요?

아직 때가 안 됐어.

아직 이도 안 났어.

그분들이 볼 때 이분은 아직 '옹알이 수준'인 것입니다.

당신도 준비 안 된 상태에서 지금 뜨면, 지금 나가면 찰스 코먼의 나비가 될지도 모릅니다. 한방에 훅 가는 것입니다. 더 견뎌보십시오. 터널은 아무리 길더라도 반드시 끝이 있게 마련입니다.

심정으로는 누가 당신을 고치에서 꺼내주면 좋을 것 같지만 그것이 결과적으로 당신을 성숙하지 못한 나비로 만들 수 있습니다. 일정 시간을 견뎌야 하고 상처를 경험하면서 견뎌야 합니다.

둘째, 상처를 보듬기입니다.

앞에서 무조건 견디라 했는데 견딘다는 것은 아픔이 뒤따릅니다. 너무 아파서 내게 상처를 주기도 합니다. 그 상처는 두 가지가 있습니다. 바로 몸의 상처와 마음의 상처입니다.

당신은 당신 나름대로의 상처를 갖고 있을 것입니다. 예를 들어 뼈가 부러졌습니다. 이때 가장 큰 바람은 무엇일까요? 당연히 뼈가 아물어서 원상태로 회복하는 것일 터입니다. 그러면 더 바랄 게 없겠지요. 몸의 상처는 원상태로 회복하는 것이 최대의 바람인 것입니다.

그런데 마음의 상처는 다릅니다. 마음의 상처는 관리만 잘하면 상처를 받기 이전의 상태에 비할 바가 못 됩니다. 10배, 100배로 강해지는 힘이 있기 때문입니다. 꿈을 이룬 사람들은 그때의 그 상처가 나를 만들었다고 말합니다. 당신도 그렇게 한번 해보십시오. 마음의 상처는 관리만 잘하면 예전의 나보다 훨씬 강한 나를 만들 수 있습니다.

셋째, 둘 다 내 인생이라는 마음가짐입니다.

세상의 모든 일에는 빛과 어둠이 있습니다. 어둠만 있는 세상도 없고 빛만 있는 세상도 없습니다. 세상의 모든 일도 그렇습니다. 대가를 치르지 않고 얻을 수 있는 것은 없습니다. 당신이 지금 힘든 것은 지금보다 더 큰 것을 이루기 위한 과정일 뿐입니다.

그러나 착각하지 마십시오. 힘든 삶을 보낸다고, 도전을 포기하지 않는다고 모든 일이 다 이루어진다는 보장도 없습니다. 이루어질 수도 있고, 이루어지지 않을 수도 있습니다. 이때 이루어지지 않는 순간도 내 인생이니 그 실패한 순간도 사랑하는 자세를 갖는 것이 필요합니다. 왜냐하면 성공뿐 아니라 실패도 내 인생이니까요.

밤과 낮이 모여서 인생을 만드는 것처럼 실패한 인생도 내 인생입니다. 만약 당신이 성공한 인생만 당신 것으로 갖고 그렇지 못한 인생을 당신 인생에서 잘라버린다면 당신의 인생은 몇 년이 남을까요?

80년을 산다면 그중 전성기는 몇 년일까요? 30년? 턱도 없습니다. 20년? 어림없습니다. 10년? 기껏해야 2~3년일 뿐입니다. 그렇게 보면 당신 인생은 80년이 아니고 2~3년이 되고 맙니다. 그래서 실패한 인생도 내 인생이라는 것입니다. 그러니 그 시간을 견디십시오.

서울대학교를 나온 사람들은 대학을 두 부류로 구분합니다. 서울대학교와 기타 대학. 저는 기타 대학 출신입니다. 서울대학교 나온 사람은 저 같은 기타 대학 출신을 우습게 봅니다. 우습게 보는 이유가 뭔지 아십니까? 그들은…… 견뎠기 때문입니다. 그들은 고1, 고2, 고3을 견뎠기 때문입니다. 그래서 기타 대학 출신을 우습게 보는 것입니다. 그들은 견뎌봤기 때문에, 다음에도 견딜 수 있기 때문에 우습게 보는 것입니다. 그들은 알고 있습니다.

"다음에 똑같은 상황이 와도 너는 못 견딜 거지? 나는 견딜 수 있어. 최소한 그만큼은 견딜 수 있어!"

그것을 알기 때문에 우습게 보는 것입니다.

그런데 당신은 진짜로 견뎌본 적이 언제입니까? 그런 때가 있기나 한 것입니까? 만약 없다면 당신은 결코 그 어떤 것도 얻을 수 없습니다. 견디지 않고 얻을 수 있는 것은 없기 때문입니다. 그러니 한번만이라도 제대로 견뎌보는 연습을 해보시기 바랍니다.

저는 직접 경험으로 좌절과 절망은 견뎌내기만 하면 삶의 동력이 된다는 사실을 깨달을 수 있었습니다.

견디십시오. 그리고 견디는 것을 즐기십시오. 견딘 후에 무엇이 올지 상상하고 미리 상상으로 즐기십시오. 성공만 즐기지 말고 실패도 즐기십시오. 어차피 내 인생입니다. 물론 성공도 내 인생이고요. 둘 다 내 인생인 것입니다.

어느 날 북코스모스 에이전시 대표 최종옥 형님이 보낸 문자가 도착했습니다.

순례자는 어떤 표정을 짓고 있을까

송 교수

고생 많지?

고생총량불변의 법칙이 있어.

누구나 일생 동안 고생의 양은 같다는 법칙이지.

지금 많이 고생해 놓으면 앞으로 편해질 거야^^

부디 몸조심하고 뜻 깊은 시간 갖길……

❻

포기하지 않으면 도착한다

조사 대상의 3분의 2에 해당하는 100명 중 67명이 스스로 목표를 세웠다.
그러나 목표를 세운 67명 중에서 10명만이 목표 달성에 필요한 현실적인 계획을 세웠다.
그리고 그 10명 중 단 2명만이 중도에서 포기하지 않고 끝까지 목표를 달성했다.

— **그레그 해리스(목사)**

Talk 1。 인간의 존엄성까지 위협받으며

우리의 산티아고 여정은 매일 25~35킬로미터를 걸어야 하는 강
행군으로 순례길이 길어질수록 점점 육체적인 한계에 봉착하게 됩
니다. 비는 멈추지 않고 내리고 있고, 젖은 옷과 젖은 양말을 신고
순례길을 떠나야 합니다.

비를 뚫고 35킬로미터 걸어서 1300미터 정상에 위치한 마을의
알베르게에 도착했습니다. 비와 안개에 싸여서 음산하게까지 느껴
지는 마을이었습니다. 너무 추웠습니다.

3시쯤 도착해서 빨래와 샤워를 하려고 공동 샤워장으로 갔습니
다. 공동 샤워장에는 다섯 개의 샤워 부스와 다섯 개의 변기가 있

었습니다. 빨래를 마치고 화장실에 들어갔더니 이게 웬일입니까. 변기 위에 걸터앉을 때 사용하는 변기 커버가 없는 것입니다. 그 변기에 어떤 사람은 서서 소변을 보고, 어떤 사람은 오물이 묻은 그 상태로 커버도 없이 앉아서 대변을 보는 겁니다. 다섯 개의 변기가 모두 그 상태였습니다.

저는 매우 심각한 충격을 받았습니다. 사람을 마치 돼지나 소처럼 대하는 듯한 충격이었습니다. 인간은 그 자체만으로 존중받고 대우받아야 하는 존엄한 존재입니다. 그런데 이 상황은 인간을 짐승처럼 취급하는 상황이었습니다.

소위 말하는 '푸세식(재래식 화장실)'과는 차원이 다른 얘기입니다. 화장실이 아예 푸세식이라면 충분히, 얼마든지 이해가 갑니다. 그러나 소변이 묻은, 커버가 없는 양변기에 앉아서 그대로 대변을 보라는 것은 아무리 생각해도 이해가 되지 않았습니다. 더구나 그 알베르게에서는 무슨 주술 같은 것을 외치며 술을 빚는 행위를 했고 우리 제작진은 방송에서 보여준다고 그 장면을 녹화까지 했습니다. 걱정이 됐습니다. 만약 한국 시청자 중에 이 방송을 보고 그 알베르게에 머물고, 그 변기를 보았다면 그 시청자들은 우리를 어떻게 생각할까?

그날은 35킬로미터를 걸으면서 아침도 못 먹고 중간에 마을에 들러 입천장이 까지는 딱딱한 빵 조각으로 점심을 때우고 비를 뚫고 걸은 날이었습니다. 화장실에는 가지도 못하고 빨래와 샤워를 마치고 침대에 펼친 침낭 속에서 주린 배를 붙잡고 저녁 8시까지 기다려야 했습니다.

춥고, 배고프고, 외롭고, 화장실 못 가고. 그야말로 거지가 따로 없었습니다. 8시에 식당에 내려갔더니 저녁을 주는 것도 아니고 주술 외우는 행사를 한 다음에 식사가 시작된다고 하여 또 하염없이 기다렸습니다.

어처구니없는 상황에 스스로 화가 날 뿐이었습니다. 저녁식사 때 이렇게 인간 존엄성을 무시하는 이유를 항의했더니 주인은 숙박비가 9000원으로 저렴하기 때문이랍니다. 그런데 지나온 알베르게 중에는 6000원짜리도 많았습니다.

아무튼 인간의 존엄성을 한방에 날려버린 충격적인 그 알베르게는 다시는 기억하고 싶지 않았습니다. 너무 충격적이고 모욕적이어서 그 변기는 사진을 찍지도 못했습니다. 혹시 산티아고 순례길에서 주술 외우는, 변기 커버 없는 알베르게를 보거든 절대로 투숙하지 말 것을 권합니다.

고단한 순례자는 틈만 나면 나무나 언덕에 기대어 졸기 일쑤입니다. 발가락은 물집으로 모두 터졌고, 발목부터 허벅지까지 벌레에 물려서 온통 부어올랐습니다. 긁으면 끝없이 간지러워 멈출 수가 없습니다.

졸고 있는 눈레자

산길을 지나다가 저처럼 등에 짐을 짊어진 달팽이를 만났습니다. 사람들은 걱정을 짊어지고 다니는데, 달팽이는 집을 짊어지고 다닙니다. 사람이나 달팽이 같은 연체동물이나 자신의 삶의 무게를 내려놓을 수 없는 것이 숙명인 모양입니다.

그렇습니다. 살아 있는 모든 생명체는 나름대로 얼마만큼의 고단한 삶의 무게를 짊어지고 견뎌야 합니다. 아마 생명이 다하면 그 또한 사라지고 없겠죠. 그렇게 보면 이런 삶이 주는 고통도 은총입니다. 힘들고 고단한 것도 느낄 수 있지만 삶이 주는 또 다른 기쁨도 느낄 수 있으니까요.

달팽이에게 말했습니다.

"힘내자. 한 걸음씩 가다 보면 우리의 목적지에 도착하겠지."

。고통만 보지 말고 아름다움도 보라

산티아고 순례길은 아름다운 경치가 많습니다. 그러나 그 경치가 처음에는 보이지 않았습니다. 발가락의 물집, 발목과 무릎의 부상, 가도 가도 끝없이 이어지는 보이지 않는 목적지 때문에 지쳐서 보이지 않았습니다. 보이는 것은 고통스런 현실뿐이었습니다.

시간이 지나면서 고통과 절망에 익숙해질 때쯤 그 아름다운 경치들이 눈에 들어오기 시작했습니다. 수련이 부족한 제 눈은 두 개의 상황을 동시에 볼 수 없었던 것입니다. 숲은 숲으로 연결되어 끝없이 이어집니다.

스페인의 하늘은 그림 같습니다. 마음이 정갈한 소녀가 그린 그림처럼 하늘에는 구름이 그려져 있습니다.

스테인드글라스가 유난히 아름다웠던 레온 성당 정문 위의 구름은 사람을 하늘로 인도하는 푹신한 솜털 같았습니다. '저 솜털 같은 구름 위로 사뿐히 뛰어내리면 포근하고 따뜻하며, 안락하게 우리 집까지 데려다주겠지.'라는 생각을 해봤습니다.

레온 성당의 하늘

성당 주변이 결혼식 때문에 왁자지껄합니다. 이 성당에서 결혼을 하려면 2년 전에 예약을 해야 한다고 합니다. 그런데 상당수 커플이 예약할 때와 결혼할 때 배우자가 바뀐다고 합니다. 2년이라는 시간이 청춘들에게는 매우 긴 시간인 것 같습니다.

오전 내내 폭우를 쏟아낸 하늘은 아름다운 무지개를 선물합니다. 무지개를 보니 기운이 납니다.

스페인의 하늘은 너무 맑고 투명해서 눈이 시립니다.

한국에서 다큐멘터리 촬영하러 온 사람들이 순례길을 걷는다는 것이 알려져서 저희는 스페인 신문과 방송에 여러 차례 소개되기도 했습니다.

산티아고 순례길은 오로지 앞으로만 갑니다. 비가 와도, 눈이 와도, 캄캄한 새벽에도 오로지 앞으로만 갑니다. 인생길도 마찬가지입니다. 오로지 앞으로만 갑니다. 어제로 돌아갈 수 없습니다. 길이란 결국 포기하지 않으면 도착합니다. 지치면 쉬어 가되 포기하지는 말아야 합니다.
산티아고 순례길은 고단하고 고통스런 길이지만 이 길이 주는 교훈은 포기하지 않으면 언젠가는 도착한다는 것입니다.

폭우 뒤 하늘에 뜬 무지개

스페인 신문에 소개된
한국의 순례자들

성당의 결혼식

파울로 코엘료처럼, 나도 깨달음; 인생길 완주의 9가지 원칙 →

꼭 빠르게 갈 필요도 없습니다. 남을 앞질러 갈 필요도 없습니다. 포기하지 않으면 도착합니다.

Talk 3 。 이룸의 기쁨을 상상하며

순례길의 목적지 산티아고데콤포스텔라에 도착하면 사람들은 산티아고데콤포스텔라 대성당 광장에서 서로 부둥켜안고 눈물을 흘리기도 하고, 누군가에게 전화를 걸면서 가슴 벅찬 눈물을 흘리기도 하며, 광장에 누워 마냥 하늘만 쳐다보며 눈물을 흘리기도 합니다.

800킬로미터의 순례길을 완주했다는 기쁨과 환희 때문에 스스로 주체할 수 없는 감동의 뜨거운 눈물을 흘립니다.

그 오랜 시간의 고통 때문에 눈물을 흘립니다.

발가락이 부르트고, 발톱이 빠지고, 발목과 무릎의 부상으로 더 이상 걸을 수 없었던 상황의 아픔 때문에 눈물이 흐릅니다.

보고 싶은 사람들을 그리워하며 눈물을 흘립니다.

저도 가슴이 먹먹하고 이어서 눈물이 주르륵 볼을 타고 점퍼 위로 흘러내렸습니다.

고행 길을 무사히 끝낸 안도감과 감사함, 그리고 허탈함에서 오는 눈물이었습니다.

아, 이 길 위에 무엇이 있었나?

나는 이 길 위에서 무엇을 보았나?

무엇을 얻으려고 30일을 한 방향으로 걸었던가?

　매일 7~9시간을 걸으면서 발바닥은 타는 듯한 통증이 가실 날이
없었고, 물집 때문에 발가락이 헐고, 쓰린 발가락을 딛지 않으려다
보니 다른 쪽 발목이 무너지고, 무릎이 무너지고, 뒤뚱거리며 걷다
골반이 무너지면서도 포기하지 않았던 이 길이 끝난 것입니다.
　출발지인 론세스바예스에서 받은 순례자 여권에다가 30일 동안
걸으면서 묵었던 알베르게와 식당에서 도장을 받아서 산티아고데
콤포스텔라 대성당에 도착한 다음에 제출하면 '완주증명서'를 발급

산티아고데콤포스텔라 대성당 광장에 도착한 순례자

산티아고데콤포스텔라 대성당

합니다. 땀과 비에 젖어서 너덜거리는 순례자 여권은 자랑스런 훈장입니다.

앞에서도 얘기했지만 이 순례자 완주증명서는 100킬로미터만 걸어도 받을 수 있습니다. 단순하게 800킬로미터를 다 걷는다는 것만으로는 큰 의미가 없습니다. 단지 그 길을 걸으면서 어떤 깨달음을 얻었는지가 중요합니다.

순례자 여권

완주증명서

산티아고데콤포스텔라 대성당에서 특이하고도 놀라운 미사를 보았습니다. 60킬로그램의 거대한 향로가 성당 끝에서 끝을 비행하는 장면입니다. 그 장엄한 모습이 아직도 기억에 생생합니다.

산티아고데콤포스텔라 대성당의 거대한 향로

순례자들은 산티아고에서 차를 타고 세상의 끝이라고 믿었던 피네스테레에 도착합니다.

피네스테레에 도착하자 대서양이 눈앞에 펼쳐집니다. 얼마 만에 보는 바다입니까.

대서양을 만나다

마침내 표지석 0.00킬로미터에 도착합니다. 여기에서부터는 더 나아갈 곳이 없습니다. 낭떠러지 끝이 바다입니다. 모든 길은 여기에서 끝이 납니다. 그 옛날 사람들은 이곳을 땅의 끝이라고 믿었습니다.

0.00킬로미터 표지석에서
기념촬영하는 순례자

0.00킬로미터 표지석

마침내 땅의 끝에 서다!

순례자들은 땅끝에 도착하면 의식을 치릅니다. 자신이 입었던 옷이나 장비들을 불태우는 의식입니다. 살면서 갖고 있던 아픔과 슬픔과 미움과 절망을 태우는 의식입니다. 저는 30일 동안 숙소에서 신었던 고무신과 바지, 셔츠를 태웠습니다.

갈등과 증오, 미움과 아픔을 불태우다

Talk 4. 포기하지 않으면 도착한다

몇 해 전에 《포기 대신 죽기 살기로》라는 책을 썼습니다. 이 책 표지에 다음과 같은 그림이 있습니다. 출처를 알 수 없는 그림인데, 새에게 잡아먹히는 절체절명의 상황에서도 새의 목을 비틀고 있는 개구리의 모습이 매우 인상적입니다. 개구리는 죽기 직전까지 포기하지 않았던 것입니다.

사람들은 무슨 일을 하다가 조금만 어려우면 쉽게 포기를 생각합니다. 하지만 우공이산愚公移山의 교훈은 우리에게 많은 것을 생각하게 합니다.

우공이산이란 어리석은 영감이 산을 옮긴다는 말로, 남이 보기엔 어리석은 일처럼 보이지만 한 가지 일을 끝까지 밀고 나가면 언젠가는 목적을 달성할 수 있다는 뜻입니다. 《열자》의 〈탕문편〉에 나오는 이야기입니다.

태형산과 왕옥산은 둘레가 700리나 되는데 원래 기주 남쪽과 하양 북쪽에 있었습니다. 북산의 우공이란 사람은 나이가 이미 아흔에 가까운데 이 두 산이 가로막혀 돌아다녀야 하는 불편을 덜고자 자식들과 의논하여 산을 옮기기로 하였습니다.

산을 옮기기로 결정하고 우공의 가족들은 흙을 이고 지고 나르기 시작하였습니다. 그런데 흙을 발해만까지 운반하는 데 한 번 왕복에 1년이 걸렸습니다. 이것을 본 친구 지수가 웃으며 만류하자 그는 정색을 하고 "나는 늙었지만 나에게는 자식도 있고 손자도 있네. 그 손자는 또 자식을 낳아 자자손손 한없이 대를 잇겠지만 산은 더 불어나는 일이 없지 않은가. 그러니 언젠가는 평평하게 될 날이 오겠지."라고 대답하였습니다.

지수는 말문이 막혔습니다. 그런데 이 말을 들은 산신령이 산을 허무는 인간의 노력이 끝없이 계속될까 겁이 나서 옥황상제에게 이 일을 말려주도록 호소하였습니다. 그러나 옥황상제는 우공의 정성에 감동하여 가장 힘이 센 과아씨의 아들을 시켜 두 산을 들어 옮겨, 하나는 삭동에 두고 하나는 옹남에 두게 하였다고 합니다.

어리석은 노인이 산을 옮겼다는 이 말은 얼핏 보기에 어리석게 보여도 시작하고 포기하지 않으면 목적을 달성할 수 있다는 교훈을 줍니다.

산티아고 순례길을 시작하면서 출발부터 고민도 많았고 가면서 탈도 많았지만, 멈추지 않으면 결국 도착하게 된다는 것을 깨달았습니다. 빨리 갈 필요도 없습니다. 남보다 앞설 필요도 없습니다. 시작하고 멈추지 않으면 결국은 도착하게 되어 있습니다.

당신도 현재의 상황이 좋지 않을 수도 있습니다. 고단하고 힘들 수 있습니다. 때로는 포기하고 싶을 때도 있을 것입니다.

저도 그랬거든요.

포기하고 싶었습니다.

그러나 고단하더라도 포기하지 마세요.

남들이 어리석다고 몰아붙여도 우직하게 밀어붙이세요.

포기하지 않으면 반드시 도착하니까요.

저희가 다녀온 다음에 〈꽃보다 할배〉 팀이 스페인을 여행한 뒤로 스페인을 찾는 한국 관광객들이 많이 늘었다고 합니다.

Talk 5. 기적을 만든 표슬기의 꿈

제가 운영하는 멘토링 프로그램이라는 것이 있는데, 학생이나 기업 2세들을 대상으로 1:1로 그들의 꿈과 미션을 만들고 수행하는 방법을 지도합니다.

우선 꿈을 어떻게 찾고 설정할 것인지를 지도합니다. 그리고 자신이 진정으로 원하는 꿈을 시기별로 나누고, 사진과 글로 만들어서 방에 붙이고 매일 보도록 지도합니다. 자신이 만들어놓은 꿈들이 하나씩 이루어지는 것을 보고 신기해하는 사람들이 많습니다. 저 또한 멘티들을 지도하면서 그들이 성장하는 모습을 보고 보람도 느끼고, 때로는 그들이 만들어낸 결과를 보고 깜짝 놀라기도 합니다.

최근 사례를 하나 소개하겠습니다. 3년 전에 지인으로부터 안양에서 명가원과 정성담이라는 식당을 운영하는 배양자 사장의 딸, 표슬기를 멘토링해달라는 부탁을 받았습니다. 슬기는 초등학교와 중학교 5년 동안 뉴질랜드와 미국에서 유학을 마치고 고등학교에 입학하려고 한국에 들어오면서 엄마에게 이런 얘기를 하더랍니다.

"엄마, 대학에 왜 가야 하는지 그 이유를 모르겠어요. 꼭 대학을 가야 하나요?"

엄마는 마른하늘에 날벼락 떨어지는 줄 알았답니다. 영어를 잘하는 아이로 만들어서 좋은 대학에 진학시키려고 유학을 보냈더니, 돌아오자마자 일성이 대학 안 간다는 선전포고였으니 그럴 법도 했을 것입니다. 표슬기는 일반 고등학교 진학을 하지 않고 경상남도 산청에 있는 대안고등학교를 선택합니다. 학교생활은 대만족이라고 합니다. 공부하라고 닦달하는 사람도 없고, 자신이 좋아하는 취미 활동을 주로 하면서 자유롭게 공부하는 그 환경이 무척 마음에 들었던 것입니다.

그런 상태에서 저와 만났습니다. 고등학생치고는 매우 묵직한 중심을 갖고 있는 학생이라는 첫인상을 받았습니다. 세 시간 동안 멘토링을 지도하는데 자신이 갖고 있는 구체적인 꿈도 없고, 꿈이 없으니 당연히 미션도 없이 그냥 하루하루 즐겁게 살아가고 있는, 한국의 고등학생으로서는 평범하지만 결코 평범하지 않은 학생이었습니다.

그래서 자신이 가장 좋아하는 것, 잘하는 것, 하고 싶은 것 등을 토론하고 방향을 설정했습니다. 그리고 보물지도를 만들어서 벽에 붙이고 사진을 찍어서 메일로 보내라는 숙제를 주고 강의가 끝났습니다. 보물지도를 제출하는 시간은 일주일인데 대부분 임박해서 제출합니다. 그런데 슬기는 그날 밤에 만들어서 보냈습니다. 다음 날 슬기 어머님으로부터 전화가 왔습니다.

"교수님, 슬기가 이상해진 것 같아요. 눈빛도 달라졌고요, 방학 때나 집에 오던 아이가 앞으로 주말마다 올라올 테니 영어와 수학 선생님한테 지도받을 수 있도록 도와달라고 부탁을 하네요."

슬기는 그해 대학 입시에 떨어졌습니다. 낙심한 슬기와 통화를 했습니다.

"슬기 양, 고생했지만 1년 공부해서 원하는 대학에 들어가는 것은 쉬운 일이 아니지. 힘들고 고통스럽겠지만 다시 한 번 제대로 한판 붙어봐."

얼마 전에 미국에 가 있는 슬기와 통화를 하다가 기적 같은 소식을 듣고 저도 모르게 눈물이 왈칵 쏟아졌습니다. 다음은 표슬기가 합격한 대학들입니다.

미시건 주립대학교(장학금 2만 달러), 펜실베이니아 대학교, 보스턴 대학교, 퍼듀 대학교, 매사추세츠 주립대학교(장학금 4만 달러), 홍콩 폴리텍 대학교, 럿거스 뉴저지 주립대학교, 아이오와 주립대학교(장학금 2만 4000달러), 존슨앤웨일스 대학교(장학금 1만 4000달러), 드렉셀 대학교(장학금 4만 달러).

표슬기는 하루에 네 시간 자는 강행군으로, 이름만 대면 누구나 알 수 있는 세계적인 명문대학 열 곳에 합격한 것입니다. 3년 전에 슬기가 만들어서 보낸 보물지도를 다시 보다가 이런 글귀를 발견했습니다.

"나는 오뚝이가 될 거야. 아무리 많이 쓰러져도 다시 일어서는 그런 사람. 포기하지 말자!"

슬기와 슬기 어머님이 같은 말을 합니다.

"교수님, 방향을 설정하고 목표를 향해서 간다는 것이 얼마나 중요한지 절실하게 깨달았습니다. 길을 잃었을 때의 이정표와 같았어요. 감사합니다."

원대한 꿈이 펼쳐질 슬기의 미래를 믿습니다. 좌절과 절망을 뚫고 성취를 경험하는 데까지 가보았기 때문에 앞으로 슬기가 얻지 못할 것은 없을 것입니다.

표슬기의 보물지도

인생길 완주의 원칙

동행하라

천국에 들어가려면 두 가지의 질문에 답해야 한다는군.
하나는 "인생에서 기쁨을 찾았는가?"
다른 하나는
"당신의 인생이 다른 사람들을 기쁘게 해주었는가?"라네.

— 영화 〈버킷 리스트〉 중에서

(Talk 1)。 먼 길에는 좋은 사람과의 동행이 필요한 법

인생길은 먼 길입니다. 먼 길을 갈 때는 좋은 사람과 동행하십시오. 사람은 시간이 지나면 알게 되는 두 종류의 사람이 있습니다. 익는 사람과 썩는 사람입니다.

귤화위지橘化爲枳라는 사자성어가 있습니다. 강남의 귤을 강북에 심으면 탱자가 된다는 뜻으로, 사람도 환경에 따라 기질이 변한다는 뜻입니다.

옛날 제나라에 안영晏嬰이란 유명한 재상이 있었습니다. 안영의 명성을 들은 초나라 임금은 자기 나라에 그를 초청했습니다. 온 천

하 사람이 칭찬하는 안영을 놀려주겠다는 타고난 심술 때문이었습니다.

초나라의 임금은 간단한 인사말을 나누기가 바쁘게 한 죄인을 불러놓고 말했습니다.

"제나라 사람은 원래 도둑질을 잘하는 모양이군요."

그러자 안영은 태연하게 다음과 같이 대답했습니다.

"강남 쪽의 귤을 강북 쪽으로 옮기면 탱자가 되고 마는 것은 토질 때문입니다. 저 제나라 사람이 제나라에 있을 때는 도둑질이 무엇인지조차 모르고 있었는데, 초나라로 와서 도둑질을 한 것을 보면 초나라의 풍토가 좋지 않은가 하옵니다."

귤화위지란 바로 이때 나온 말입니다.

사람도 그렇습니다. 누구를 만나느냐에 따라서 동화하고 변하게 마련입니다. 좋은 친구를 만나서 교류하면 그들과 닮아갑니다. 나쁜 친구와 만나서 교류하면 그들처럼 물들게 됩니다.

타인을 험담하는 사람들을 멀리하십시오. 그들은 당신의 뒤통수에서 역시 당신을 험담합니다. 남을 험담하는 사람은 세 명을 죽이는 것입니다. 그 험담의 대상이 되는 사람, 그 말을 앞에서 듣는 사람, 그리고 그 말을 하는 자신입니다.

좋은 사람들을 친구로 두어야 합니다. 그 친구가 당신보다 낫다면 최선입니다. 배울 것이 많기 때문입니다. 당신보다 나은 사람을 찾을 수 없다면 최소한 당신과 같은 사람들과 교류하십시오.

순간의 이익을 위해서 고귀한 명예를 진흙탕에 처박아버리는 사람들이 있습니다. 그런 사람은 언제든 당신을 희생시킬 것입니다. 자신의 명예를 지키기 위해 자신의 모든 것을 거는 사람과 친구가 되십시오. 그런 사람은 역시 당신의 명예도 고귀하게 지켜줄 것입니다. 진정한 친구는 소중한 존재입니다. 좋은 친구는 결정적 순간에 서로 도와서 위기에서 꺼내주기도 하고, 힘을 모아서 적을 물리치기도 하니까요.

말벌은 꿀벌 5500마리에 해당하는 독성을 갖고 있다고 합니다. 그래서 말벌은 꿀벌이 직접 싸워서는 절대로 이길 수 없는 상대입니다. 그러나 어떤 경우는 꿀벌이 자신보다 5500배나 강한 말벌을 죽일 때가 있습니다. 바로 열 공격으로 말벌을 공격할 때입니다.

열 공격이란 여러 마리의 꿀벌들이 말벌 한 마리를 에워싸서 벌 덩어리를 만든 뒤 날개를 비벼 열을 가해서 죽이는 방법입니다. 말벌의 치사 온도는 46℃, 꿀벌의 치사 온도는 48℃인데요, 꿀벌들이 벌 덩어리를 만들어서 자신들의 체온으로 온도를 높여서 말벌의 치사 온도인 47℃까지 끌어올려서 말벌을 죽게 만드는 것입니다. 1℃ 차이로 말벌은 죽고, 꿀벌은 살게 되는 것입니다.

이 싸움은 꿀벌들이 목숨을 던져서 수행합니다. 꿀벌들이 자신의 목숨을 거는 이유는 자신이 지켜야 할 가치 있는 것들, 여왕과

가족, 보금자리를 지키기 위해서입니다. 그것들을 지키기 위해 꿀벌들은 목숨을 걸고 싸웁니다.

혼자서는 적을 이길 수 없습니다. 그러나 친구들이 힘을 합한다면 가능한 일입니다. 그래서 평소에 좋은 친구들, 좋은 인맥을 확보해야 합니다. 그래서 위험한 길이라 할지라도 좋은 친구와 함께 가면 안전하게 멀리 갈 수 있고, 안전한 길이라 할지라도 좋지 않은 친구와 길을 떠난다면 완주할 수 없는 것입니다. 중요한 것은 '누구와 길을 떠나느냐'입니다.

알면 알수록 진국인 사람과 길을 떠나세요. 그런 사람은 알면 알수록 익는 사람입니다. 알면 알수록 바닥이 보이고, 앞과 뒤가 다른 사람이 있습니다. 그런 사람과는 먼 길을 떠나지 마세요. 그런 사람은 알면 알수록 썩는 사람입니다.

음식은 시간이 지나면 부패하지만 된장은 시간이 지날수록 발효됩니다. 썩느냐 발효되느냐 그 차이입니다.

Talk 2. 좋은 친구를 만들기 위해서는

그럼 좋은 친구를 어떻게 고를 것이냐 하는 문제가 떠오를 것입니다. 두 가지 관점에서 보면 큰 무리 없이 고를 수 있습니다.

첫째, 처음과 끝이 같은 사람입니다.

즉, 자신의 목표를 달성하기 전과 달성한 후에도 같은 행동을 하는 사람입니다. 사람들은 자신의 목표를 달성하기 전에는 부탁을 해야 하는 입장이므로 부탁해야 하는 사람 앞에서 눈빛을 부드럽게 하고 몸을 낮춥니다. 그런데 목표를 달성한 다음에 사람은 두 부류로 나뉩니다. 처음처럼 여전히 눈빛을 부드럽게 하고 몸을 낮추는 사람과, 자신의 목표를 달성했기 때문에 눈빛과 자세를 바꾸는 사람입니다. 즉 볼일 다 봤다고 생각하고 태도를 바꾸는 사람입니다.

선의후리先義後利라는 말이 있습니다. 중국의 사상서 《순자》의 〈영욕편〉에 나오는 선의이후리자영先義而後利者榮에서 비롯된 말로, '의를 먼저 행한 후에 이익을 좇는 사람이 번영한다'는 뜻입니다. 그러니까 선의후리는 무슨 일이 있어도 이익보다는 신용이 먼저라는 뜻입니다. 친구를 사귈 때 그런 친구를 사귀시기 바랍니다.

둘째, 받으면 주는 사람입니다.

보통 사람들은 받으면 주게 됩니다. 어떤 경우 받지 않아도 주는 친구가 좋은 친구라고 생각합니다. 그러나 꼭 그런 것만은 아닙니다. 받지 않고 주는 것은 받는 사람의 입장에서는 늘 빚이 쌓이기 때문입니다.

살면서 서로 돕고 사는 것이 인지상정입니다. 부족한 부분은 도움을 받고 넘치는 부분은 나누는 것입니다. 자신의 부족한 부분을 도움 받고자 노력해서 주변의 도움으로 목표를 달성했으면 역으로 그 사람이 부탁했을 때 자신도 그 부탁을 들어주는 사람이 있습니다. 물론 쉬운 일은 아닙니다. 이런 사람은 익는 사람입니다.

그러나 자신이 아쉬울 때는 간곡하게 부탁해놓고 거꾸로 부탁을 받았을 때는 그 부탁을 외면하는 사람이 있습니다. 이런 사람은 썩는 사람입니다. 먼저 주지는 못할망정 최소한 받으면 주는 친구를 만나야 합니다.

주변에 있는 친구들을 한 명 한 명 점검해보기 바랍니다. 이 친구는 과연 익는 사람인가, 썩는 사람인가?

만약 썩는 사람이라고 판단되면 오늘부터 그 친구와의 만남을 심각하게 고려해야 합니다. 왜냐하면 사람을 잃으면 그 사람과 함께한 그 많았던 시간과 감정, 내 인생까지 함께 잃기 때문입니다. 돈을 잃는 것은 일부를 잃는 것이지만, 사람을 잃은 것은 전부를 잃는 것입니다. 그래서 사람을 만날 때 가장 조심해야 합니다. 함부로 사람을 소개하지도 말고, 함부로 사람을 소개받지도 말아야 합니다. 함부로 모임에 나가지 말아야 하고, 함부로 모임을 만들지도 말아야 합니다. 몸에 난 상처는 시간이 지나면 아물어서 고통스럽던 아픔도 사라지지만, 사람에게 받은 상처는 은근하고 묵직하며 아련하게 끝까지 남아 있습니다.

썩는 사람과는 관계를 끊고 익는 사람과 교류하기 바랍니다. 익는 사람과 만나서 그들과 교류하기 바랍니다.

인생길은 먼 길입니다. 산티아고 순례길처럼 가다가 폭우를 만나서 길이 끊기기도 합니다. 그럴 때면 친구와 함께 손을 잡고 범람하는 강을 건너야 합니다. 자신이 위험하다고 친구의 손을 놓아버린다면 그 친구는 강물 속으로 빨려 들어갈 것입니다. 어떠한 경우에도 손을 놓지 않을, 알면 알수록 익는 친구와 함께 길을 떠나기 바랍니다.

가까스로 도착한 마을에 빵이 떨어져서 사람은 두 명인데 빵이 한 쪽만 남아 있을 수도 있습니다. 서로 하루 종일 굶었더라도 먼저 빵을 내미는 친구와 인생길을 떠나기 바랍니다. 인생길은 멀고도 멀기 때문에 언제 어떤 일이 생길지 모릅니다. 어떤 상황에서도 친구를 먼저 걱정하고 챙기는 친구와 인생길을 떠나세요. 인생길이 따뜻하고 안락합니다.

물집이 터진 아픈 발가락에 동여맬 밴드가 하나밖에 남아 있지 않을 수도 있습니다. 내 발가락보다 친구 발가락을 먼저 걱정해서 자신의 밴드로 친구의 발가락을 묶어주는 친구와 함께 길을 떠나세요. 인생길에 아픔이 없어집니다. 몸은 아프지만 마음은 따뜻해져서 먼 길을 힘차게 걸을 수 있습니다.

Talk 3. 내가 먼저 익는 사람이 되어야 한다

인생이라는 먼 길은 알면 알수록 익는 친구와 동행해서 떠나기 바랍니다. 그리고 당신도 스스로 생각해보기 바랍니다. 나는 익는

동행하는 순례자

사람인가, 썩는 사람인가. 당신이 익는 사람이라면 지금은 춥고 외로울 수 있지만, 당신의 멀고도 긴 인생길은 따뜻하고 감사한 행복으로 가득할 것입니다. 만약 당신이 썩는 사람이라면 지금은 누군가를 이용해서 당신이 원하는 것을 얻었더라도 언젠가는 반드시 배신당하게 되어 있습니다. 당신의 멀고도 긴 인생은 배신과 절망과 후회로 가득할 것입니다.

길고도 먼 인생길에서 당신이 감사와 행복으로 가득한 따뜻한 인생길을 갈 것이냐, 아니면 배신과 절망으로 가득한 후회스런 인생길을 갈 것이냐 하는 것은 당신의 선택에 달려 있습니다.

왜 상대에 따라 결정되지 않고 자신에 의해 결정될까요? 그것이 바로 관계의 비밀입니다.

그렇습니다. 내 인생길은 물론 동행자의 행복과 불행을 결정하는 핵심 요소는 바로 자신입니다. 내가 익지 않고 썩는 사람이라면 어떤 사람과 함께 길을 가더라고 그 사람도 불행하며, 결국은 나도 불행해진다는 사실입니다. 내가 익는 사람이라면 어떤 사람과 함께 길을 가더라도 동행하는 사람은 물론 나도 결국엔 감사하고 행복합니다. 상대도 언젠가는 목숨을 다하기 전에 그것을 알기 때문입니다. 불행과 행복의 키는 상대가 아니라 내가 갖고 있습니다.

인생길 완주의 원칙

답은 자신에게 있다

선택에는 몇 가지 기준이 필요하다. 무엇이 옳은 것인가,
어느 쪽이 미래를 향한 것인가, 어느 것이 밝은 쪽인가.
그리고 한 가지 더 중요한 것이 있다.
무엇이 나와 다른 사람을 함께 행복하게 하는 일인가.
선택은 언제나 당신 몫이다.
— 에크낫 이스워런

Talk 1. 길은 단지 도움을 줄 뿐

순례자들은 천 년 전부터 이 길을 걸었다고 합니다. 인생에서 궁극의 답을 찾고자 이 길을 걸었고 지금도 인생의 답을 찾고자, 바른 길을 찾고자 매년 27만 명이 이 길을 걷고 있습니다.

저희 출연진 역시 마찬가지였습니다. 멘티로 참가한 대원들 역시 이 길을 걸으면서 인생의 답을 찾고 싶었습니다. 어떤 사람은 저주와 절망을 내려놓고 싶었고, 어떤 사람은 한치 앞도 모르는 자신의 미래에 대해서 해법을 찾고 싶었습니다.

비록 멘토로 참가했지만, 저 역시 마찬가지였습니다.

'이 길 위에는 무엇인가가 있을 거야. 이 길 끝에는 어떤 깨달음이 있을 거야. 이 길을 완주하면 뒤통수를 때리는 울림이 있을 거야!'

과연 산티아고 순례길을 걷는 사람들은 답을 얻을 수 있을까요? 답은 어디에 있을까요?

순례자들은 매일 매 순간 발걸음을 옮기면서, 배낭 무게에 눌려 숨을 몰아쉬면서, 이 길을 시작한 자신의 선택이 미친 짓이었다고 후회하면서도, 이 길의 끝에는 무엇인가가 있을 거라고 생각하며 길을 걷습니다.

산티아고로 안내하는 노란 화살표

산티아고 순례길에는 길이 갈리는 곳이 나올 때면 어김없이 조가비 모양의 그림과 노란 화살표가 나옵니다.

야고보의 유해를 실은 배를 보호하고 있었던 데서 유래한 조가비 문양은 순례길을 시작하는 출발점부터 끝나는 데까지 끝없이 이어집니다. 또 노란 화살표를 따라가면 산티아고에 도착합니다. 모든 노란 화살표는 산티아고로 향하기 때문입니다.

순례자들은 오늘도 이 노란 화살표를 따라 길을 걷습니다. 우리 인생도 이런 화살표 같은 이정표가 있었으면 얼마나 좋을까요. 좋은 곳, 좋은 일, 좋은 사람을 화살표가 안내해준다면 인생은 고단하지도 않고, 속지도 않고, 배신당하지도 않고, 슬프지도 않을 것입니다

수많은 사람들이 산티아고 순례길을 걸으면서 길 위에서 답을 찾으려고 하지만, 제가 이 길을 걸어본 결과 길 위에는 제가 원하는 답이 없었습니다. 그때 깨달은 것이 있습니다. 나는 길 위에 답이 있을 것이라 생각했지만, 길은 단지 내가 답을 얻기 위해 도움을 주는 존재일 뿐이라는 사실입니다. 결국 그 길 위에서 답은 내가 찾아야 하는 것입니다.

철학자 키르케고르는 "기도는 신의 마음을 바꾸지 않는다, 다만 기도하는 자의 마음을 바꿀 뿐이다."라는 말을 남겼습니다. 길도 마찬가지입니다. 나는 길이 나에게 답을 줄 것이라 잔뜩 기대했지만 길은 답을 주지 않았습니다. 그 대신 길은 그 길을 걸은 나에게 마음의 변화를 답으로 주었습니다. 결국 우리네 인생에서 문제의 답을 구하는 사람들이 진정으로 답을 찾을 수 있는 곳은 자기 마음뿐이었던 것입니다. 그 외 나머지 길이나 친구들은 모두 답이 아니라 도움을 주는 존재였을 뿐입니다.

Talk 2. 내면 깊은 곳의 답을 찾아서

일체유심조一切唯心造라는 말이 있습니다. '모든 것은 그것을 인식하는 마음의 나타남이고, 존재의 본체는 오직 마음이 지어내는 것일 뿐이다.'라는 뜻입니다. 곧 모든 것은 오로지 마음에 달려 있다는 이야기입니다. 내 문제에 대한 답은 내 마음에서만 찾을 수 있다는 이야기입니다.

어떤 성공 멘토가 이 문제는 이게 답이고, 저 문제는 저게 답이라고 이야기해도 사람은 각각 서로 다른 존재이기 때문에 나에게 그대로 적용할 수는 없는 노릇입니다. 그저 참고 사항이 될 수는 있겠지만요.

그렇다면 내 안의 답은 어떻게 찾아나갈 수 있을까요? 먼저, 나를 이해하기 위한 공부를 해야 합니다. 나는 도대체 누구인지? 무엇을 하기 원하는 것인지? 사실 쉬운 질문인 것 같으나 지나가는 사람 열 명을 붙들고 물어보면 한 사람도 제대로 답하기 어려울 정도로 심오한 질문입니다. 그만큼 우리는 살아가면서 내가 누구인지 생각해볼 겨를 없이 살아가고 있기 때문입니다.

나를 이해하기 위해 인간의 마음을 다루는 책이나 강의를 접하는 것도 좋은 방법입니다. 산티아고 여행처럼 길을 떠나는 것도 좋은 방법이 될 수 있습니다.

역사상 수많은 학자들의 나에 대한 연구에 따르면, 나라는 존재를 구성하는 자아는 크게 '만들어진 자아'와 '순수 존재로서의 자아'가 있다고 주장합니다. 만들어진 자아란 세상의 환경에 의해 만들어진 자아를 뜻하며, 순수 존재 자아란 그야말로 한 개인이 태어날 때 순수하게 지니고 나온 자아를 뜻합니다. 그런데 만들어진 자아의 속성은 이기적 성질이 강하고, 그래서 욕심이 지배하는 경우가 많습니다. 반면 순수 존재 자아는 이기적이지 않은 속성을 갖고 있어 사랑이 지배하는 경우가 많습니다. 아무리 욕심 많은 사람이라도 불쌍한 사람을 보면 측은지심이 드는 것을 쉽게 볼 수 있는데, 이것이 바로 순수 존재 자아가 움직이기 때문에 생기는 현상이라 할 수 있습니다.

만약 지금 나의 문제가 분노나 증오 등 부정적 감정의 문제라면 그건 만들어진 자아 때문에 생긴 감정일 확률이 매우 높습니다. 이때 문제를 해결하기 위해서는 순수 존재 자아를 밝혀야 합니다. 순수 존재 자아를 밝히려면 먼저 잠자고 있을 순수 존재 자아를 발견하는 과정이 필요합니다. 순수 존재 자아는 인간의 마음을 바다로 비유했을 때 가장 깊고 맑은 곳에 존재하므로 마음을 고요히 하고 안정시키는 연습(명상과 같은)을 할 필요가 있습니다.

나의 문제가 어떤 삶의 의미나 비움 같은 심오한 문제라 하더라도 여전히 순수 존재 자아를 찾는 것이 필요합니다. 이기적 욕심이

지배하는 만들어진 자아의 좁은 시각으로는 심오한 문제를 해결할
수 없기 때문입니다.

　여기에 순수 존재 자아를 찾기 위해 마음을 고요하게 만드는 명
상법 하나를 소개하고자 합니다. 사람의 뇌파는 알파파, 베타파, 감
마파로 움직입니다. 알파파가 가장 안정되었을 때의 뇌파이고 베타
파와 감마파는 갈수록 긴장되었을 때 나타나는 뇌파입니다. 우리의
목표는 뇌파를 알파파로 떨어뜨리는 것입니다. 그때 비로소 마음이
안정되고 순수 존재와 만날 수 있기 때문입니다.
　알파파는 우리가 잠들기 바로 직전 상태라 생각하면 이해하기 쉬
울 것입니다. 그 정도로 안정된 상태를 자주 경험하는 것이 중요합
니다.
　다음은 뇌파를 알파파로 떨어뜨리는 방법입니다
　첫째, 고요한 장소에서 눈을 감고 안정을 취합니다.
　둘째, 심호흡을 하는데, 이때 공기가 통하는 길을 상상하며 호흡
을 합니다.
　셋째, 머릿속으로 10부터 떠올리며 천천히 9, 8, 7······ 0까지 셉
니다.
　넷째, 0이 되었을 때 자신이 가장 편안했던 장소를 떠올립니다.
예를 들면 고요한 바다에 띄운 침대 보트 위에서 편안하게 둥실둥
실 누워 있는 모습이 될 수 있습니다. 이 상태가 바로 뇌파가 알파

파로 떨어진 상태가 됩니다. 이때 나의 순수 존재 자아를 떠올리고
그 자아가 하는 소리에 귀를 기울입니다.

태양과 구름, 그리고 태서양의 은빛 물결

감사하라

가진 것 하나를 열로 나누면 우리가 가진 것이
십 분의 일로 줄어드는 속세의 수학과는 달리
가진 것 하나를 열로 나누었기에 그것이 '천'이나 '만'으로 부푼다는
하늘나라의 참된 수학, 끊임없는 나눔만이
행복의 원천이 될 수 있다는 행복 정석을
그들과의 만남을 통해서 배우게 되었다.

— 이태석 신부

 Talk 1 낮아졌더니 보이는 건 온통 감사뿐

산티아고 순례길은 걷는 것도 고통이지만 먹고 자는 것, 씻고 입는 것 역시 고통입니다. 거의 매일 비가 내려 마르지 않은 옷과 마르지 않은 양말을 신고 길을 나서야 합니다. 청결하지 못한 침대, 지저분한 화장실을 사용해야 합니다.

그런 환경을 보고 나니 한국의 환경이 얼마나 감사하고 고마운지 새삼스럽게 깨닫게 됩니다.

평소에는 당연하게만 여기던 내 가족, 내 친구, 내 침대, 마른 옷,

보송보송한 양말이 얼마나 고맙고 감사한지 알게 됐습니다.

저는 걷는 것을 제외하면 두 가지가 힘들었습니다.

첫째는 자는 것입니다. 저는 혼자 자는 것이 몸에 배었는데 알베르게에서 수십 명이 함께 자야 하니 그 고통이 말할 수 없었습니다. 한방에 60~100여 명이 자는 알베르게입니다. 조금 늦게 자면 잠들지도 못합니다. 나라마다 코 고는 소리가 달라서 그 엄청난 굉음에 잠을 이룰 수 없습니다. 먼저 자야 합니다. 또한 나라마다 잠꼬대가 다릅니다. 잠꼬대도 각기 자기 나라 말로 하기 때문에 장난이 아닙니다. 프랑스 말, 독일 말, 스페인 말 등 난리가 아닙니다.

두 번째는 먹는 것입니다. 스페인은 주식이 빵과 커피입니다. 저는 커피는 못 마시고 빵은 싫어했습니다. 그래서 처음에 몸무게가 6킬로그램이 빠졌습니다. 저 같은 대두들은 갑자기 살이 빠지면 위험합니다. 머리를 지탱할 힘이 부족하기 때문이죠.

수십 명을 수용하는 알베르게 내부

하루는 제작진이 깜짝 쇼를 했습니다. 한국에서 출발할 때 카메라 가방에 우리 모르게 한국 요리 재료를 숨겨서 온 것입니다. 식당을 빌려서 한국 요리를 만들고는 카메라를 켜놓고 저희를 불렀는데, 그날 제가 먹은 요리는 제가 세상에 태어나서 먹어본 요리 중 가장 맛있는, 그야말로 최고 중의 최고의 요리였습니다.

그것은…… 라면과 떡볶이였습니다.

눈물이 났습니다. 눈물을 흘리면서, 라면과 떡볶이를 먹으면서 생각했습니다.

'그래, 라면과 떡볶이는 한국에서 얼마든지 먹을 수 있기 때문에 얼마나 감사한지 모르고 살았구나. 벼룩 없는 깨끗한 내 침대가 얼마나 감사한지 모르고 살았고, 변기 커버 있는 우리 집 화장실이 얼마나 감사한지 모르고 살았고, 보송보송한 양말이 얼마나 감사한지, 사랑하는 내 가족과 친구가 얼마나 감사한지 모르고 살았구나.'

생각해보니 감사하지 않을 일이 없었습니다. 모든 것이 감사할 일 투성이였습니다. 제가 느낀 9가지 원칙 중에 가장 크고 무겁게 와 닿았던 게 감사였습니다.

성서에서는 범사에 감사하라고 했지요. 세상에는 범사에 감사할 일이 참 많습니다.

전 세계인의 존경을 받았던 넬슨 만델라 남아프리카공화국의 전 대통령 이야기입니다.

넬슨 만델라 대통령은 세계 대통령 중 감옥에 가장 오래 있었던 사람입니다. 무려 27년간 감옥 생활을 했다고 합니다. 그가 출옥할 때 사람들은 만델라가 아주 허약한 상태로 나올 것으로 생각했습니다. 그런데 나이가 70세가 넘었는데도 그는 아주 건강하고 씩씩한 모습으로 걸어 나왔습니다. 취재를 하러 온 한 기자가 물었습니다.

"다른 사람들은 5년만 감옥살이를 해도 건강을 잃어서 나오는데, 어떻게 27년 동안 감옥살이를 하고서도 이렇게 건강할 수 있습니까?"

그가 대답했습니다.

"나는 감옥에서 하느님께 늘 감사드렸습니다. 하늘을 보고 감사하고, 땅을 보고 감사하고, 물을 마시며 감사하고, 음식을 먹으며 감사하고, 강제 노동을 할 때도 감사하고, 늘 감사했기 때문에 건강을 지킬 수 있었습니다."

그 후 만델라는 노벨 평화상을 받았고, 대통령에도 당선되었습니다. 감옥 밑바닥에서 감사가 일궈낸 또 하나의 기적입니다. 감사하는 사람은 모든 위기 상황에서도 건강을 지켜낼 뿐 아니라, 모든 일들을 지혜롭게 잘 극복하고 마침내 별과 같이 빛나는 인생이 됩니다. 범사에 감사하십시오.

Talk 2. 원수에게까지 감사할 수 있다면

저는 우리나라를 잘살게 만든 두 개의 정신이 있다고 믿는 사람입니다.

첫째, 배고픈 정신.

둘째, 배 아픈 정신.

그런데 우리는 배고픈 것은 참아도 배 아픈 것은 참지 못합니다. 남 잘되는 꼴 보지 못하는 것이죠.

일본과 우리나라를 비교한 재미있고 의미 있는 자료가 있습니다.

1년에 위증죄로 기소되는 사람이 일본은 9명인데 한국은 1544명, 무고죄로 기소되는 사람이 일본은 10명인데 한국은 2171명이나 됩니다.

구분	위증죄	무고죄
일본	9명	10명
한국	1544명	2171명
차이	171배	217배

"배고픈 것은 참아도 배 아픈 것은 못 참는다."라는 옛말이 이런 결과를 만들어낸 게 아닐까 싶습니다. 이웃이 잘살아야 나도 잘삽니다. 대부분 남들과 비교하면서 불행이 시작됩니다. 남과 비교하지 말아야 합니다. 비교하는 순간 불행이 시작되기 때문입니다.

100억을 가진 부자도 옆집에 이사 온 1000억 원짜리 부자와 비교하기 시작하면 그 순간부터 가난한 사람이 되는 것입니다. 남과 비교하지 말고 현재 자신의 상태, 자신이 갖고 있는 것에 감사해야 합니다. 이렇게 생각하면 감사할 일이 수두룩합니다.

저는 사업을 하다가 망했던 경험이 있습니다. 그때는 자살을 결심할 정도로 심각했습니다. 그 엄청난 빚을 감당할 수가 없었거든요. 그래서 마지막 방법으로 자살을 결심했습니다. 그러고 나니 소주 한 병이 정량이었던 제가 다섯 병을 마셔도 정신이 말짱한 겁니다. 죽기로 작정하고 10층 베란다 창문을 열고 난간 위에 섰습니다. 이제 뛰어내리기만 하면 내 고통도 끝나는 순간이었습니다. 그런데! 그만 저는 그 일에 실패하고 맙니다.

제가 그날 못 뛴 이유가 몇 개 있었는데요, 그중 하나가 소주를 다섯 병이나 마신 뒤 뛰려고 하는데 새벽녘 1층의 가로등 밑에 뭔가가 보이는 것입니다. 그것 때문에 못 뛰었습니다. 바로 시멘트 바닥이었습니다. 저기 부딪히면 엄청 아플 것 같다는 생각이 퍼뜩 들던 것입니다.

의외로 아플까 봐 못 뛰는 사람 많습니다.

제가 아는 모 회장님은 젊었을 때 사업 실패를 비관해서 자살하려고 한겨울에 해운대로 가서 물속으로 걸어 들어갔답니다. 그런데 물이 너무 차갑더래요. 순식간에 그런 생각이 들더랍니다.

'야, 이러다 얼어 죽겠다.'

그래서 '에잇, 날 풀리면 다시 오자.' 하고 돌아왔는데, 결국은 아직도 못 가고 있다 합니다.

또 하나의 이유는 제 손금 때문입니다. 제 손금은 막금입니다. 보통 사람은 손금이 세 줄인데, 저는 두 줄입니다. 손금을 보는 사람들은 이런 손금을 백 가지 좋은 것을 손에 쥐었다는 뜻으로 백악이라고 합니다. 백악은 좋은 것을 백 개나 손에 쥔 손금이라는 뜻입니다.

어렸을 때 학교 선생님께서 제 손금을 보고 물으셨습니다.

"진구야, 너는 손금이 특이하다."

집에 와서 어머니께 여쭈었죠.

"엄마, 저는 손금이 왜 이래요?"

"진구야, 너는 인생이 이미 결정되었단다. 너는 성공 아니면……
출세란다."

요즘처럼 과학시대에 손금이 무슨 의미가 있겠습니까?

그런데 저한테는 의미가 있습니다. 제 어머니가 얘기해주었기 때문입니다.

'그래, 엄마가 나는 성공 아니면 출세라는데 지금 죽었는데 만약에 나중에 성공이나 출세를 하면 얼마나 억울할까.'라는 생각에 뛰지 못한 것이었습니다.

산티아고 순례길을 걸으면서 생각했습니다.
그때 내가 왜 죽으려고 했지?
망해서 그랬지.
왜 망했지?
맞아! 동업자 때문에 망했지.

제 사업을 망하게 한 원인 중 하나는 동업자였습니다. 원수였죠.
얼마나 미웠겠습니까.
가슴에 비수를 품고 다녔죠.
매일 제 가슴에는 피가 철철 흘렀어요. 그 비수를 꽂고 다니느라고……

그런데 산티아고 순례길을 걸으면서 생각해보니, 놀랍게도 그 원수가 감사한 것입니다. 그 원수가 없었더라면 아마 저는 또 사업을 했을 것이고, 그게 잘되었다면 잘 먹고 잘살았을 것입니다. 그러다가 언젠가는 내일보다 다음 생이 오는 것을 보면서 인생을 마감했겠죠.

그런데 그 원수 때문에 제 인생이 달라졌습니다. 사업에 망한 후, 저는 그때부터 대학교에 가서 교수를 했습니다. 목숨 걸고 교수직을 수행했습니다. 먹고살아야 했고, 가족을 부양해야 했고, 빚을 갚아야 했으니까요. 죽지 않고 살려고 정면으로, 오직 앞으로만 달렸습니다. 제 뒤는 천길 낭떠러지였습니다. 한걸음도 뒤로 물러설 수 없는 상황이었습니다. 오로지 앞으로 달려야 했습니다. 그 결과 오늘의 제가 만들어질 수 있었습니다.

저는 지금의 제 일이 너무 행복하고 보람 있습니다. 제 강의를 들은 사람들이 문자나 메일을 보냅니다. 어떤 분은 강의를 듣고 울면서 전화를 합니다.

"그때 나는 죽음을 결정했었는데, 교수님의 강의를 듣고 다시 시작했습니다."

이런 연락을 준 사람이 100명이 넘습니다.

이런 보람된 일을 하게 만들어준 사람이 바로 그 원수입니다.

정말 감사할 일입니다.

제 직책 중 하나가 '서울시 17대 자살예방홍보대사'입니다. 제가 강의를 나가면 강사를 소개할 때 간혹 잘못 읽는 사회자가 있습니다.

'송진구 교수, 서울시 자살홍보대사.'

그때 저는 자살예방홍보대사라고 수정해줍니다. 이런 보람된 일을 하게 만들어준 사람이 바로 그 원수입니다.

제 꿈 중 하나는 희망학교를 만드는 것입니다. 그 학교에 저처럼 인생에 실패해서 희망을 놓아버리고 자살하려는 사람들을 모아서, 그들에게 희망을 심어주어 자살을 못 하도록 만드는 것이 목적입니다. 이런 보람되고 감사한 일을 하게 만들어준 사람이 바로 그 원수입니다.

원수까지 감사할 수 있다면 감사하지 않을 일이 없습니다.
세상의 모든 일이 감사할 일입니다.

(Talk 3) 감사에 대한 좀 더 깊은 고찰, 원수 사랑

사실 세상 모든 일이 다 감사할 일이라고 했지만, 그렇다고 제가 저를 망하게 한 원수를 용서한 것은 아니었습니다. 그럼에도 원수 때문에 감사하다는 마음을 먹을 수 있었던 건 산티아고 800킬로미터의 고행을 통해 나 자신이 그만큼 낮아졌기 때문입니다.

그렇다면 감사란 꼭 저처럼 큰 고행을 해야만 할 수 있는 특별한 것일까요. 특히 원수까지 감사할 수 있는 마음은요. 어떤 사람은 그럴 것입니다. 원수만 생각하면 치가 떨리는데 감사는 고사하고 생각만 나지 않아도 좋겠다고요.

그런데 말입니다. 성서에서는 그 원수에 대하여 감사는커녕 사랑하라고 가르치고 있습니다. 세상에 원수를 사랑하라니! 이거 뭔가 잘못 인쇄된 것 아닙니까? 어떻게 내 딸을 죽인 원수를 사랑할 수 있단 말입니까? 어떻게 내 돈을 갈취한 원수를 사랑할 수 있단 말입니까? 그런데 가만히 살펴보면 여기에 감사의 답이 있을지도 모릅니다. 왜 성서에서는 원수를 사랑하라고 했을까요?

성서에서는 원수 사랑의 예로 오른뺨을 맞으면 왼뺨을 내주라고 합니다. 뺨을 때린다 하니 우리 고전 흥부와 놀부 이야기가 떠오릅니다. 흥부는 너무 배가 고파 잘사는 형 놀부 집을 찾아갑니다. 마침 저녁 밥 짓는 시간이라 부엌으로 가 형수에게 구걸을 했더니 형수는 다짜고짜 밥주걱으로 흥부의 뺨을 갈겨버립니다. 그런데 흥부는 너무 배가 고팠던지라 뺨에 붙은 밥알을 떼어 먹으며 왼뺨까지 때려달라 합니다.

물론 성서의 이야기와는 차이가 있겠지만, 흥부가 뺨을 맞은 데는 이유가 있습니다. 자식이 그렇게 주렁주렁 달렸다면 열심히 일해서 부양할 생각을 해야 하는데 형에게 구걸할 생각을 한 것입니다. 어쩌면 흥부가 뺨을 맞은 것은 그에 대한 대가로 맞은 것이라 할 수 있습니다.

여기에서 우리는 성서의 오른뺨을 맞으면 왼뺨을 내주라는 말을 이해할 수 있습니다. 즉, 오른뺨을 맞았을 때 그냥 욱할 게 아니라 자신이 맞은 이유를 생각하라는 것입니다. 그래서 이유가 생각났으면 그 대가를 받아들이고 모순을 해결하기 위해 노력하라는 것입니다. 그래서 왼뺨을 내주는 것입니다. 만약 이렇게 하지 않고 그냥 대들었다면 큰 싸움만 나고 내 모순도 해결 안 되고 상황은 더욱 악화되고 말았을 것입니다. 하지만 맞은 이유를 생각하고 그래서 모순이 생각났으면 그 잘못에 대한 대가를 받겠다는 생각으로 왼뺨을 내밀면 더 이상 문제는 커지지 않을 것입니다. 싸움이 더 크게 날 일이 없어지고 나는 내 모순을 알게 되어 앞으로 개선하도록 노력할 테니 말입니다. 오른뺨을 맞았을 때 왼뺨을 내주는 원리를 이런 식으로 이해할 수 있다면 이제 원수 문제는 자연히 풀리게 됩니다.

사실 원수의 본질은 나를 죽이려 했던 존재가 아니라 마치 실패나 고난처럼 나를 성장시키기 위한 도구에 불과했던 것입니다. 만약 원수의 의미가 그런 것이라면 이제 원수는 죽이고 싶은 존재에서 감사한 존재로 돌변하게 됩니다. 마치 제가 원수 때문에 목숨 걸고 도전하고, 뼛속까지 울리던 절망에도 포기하지 않고 앞으로 달려가는 것이 감사한 것처럼 말입니다.

여기서 한 발 더 나아가 보겠습니다. 만약 내가 원수를 갚기 위해 원수를 죽였다고 생각해봅시다. 그러면 그 원수의 가족들에게 나는 또 다른 원수가 되는 것입니다. 이건 원수가 원수를 낳는 악순환의 반복일 뿐입니다. 문제 해결을 위해 좋은 방법이라 할 수 없습니다.

그런데 원수가 내 성장의 발판이 된다 생각하고 고마운 존재로 받아들여 이제 원수에게 왼뺨을 내민다고 생각해봅시다. 원수는 깜짝 놀랄 것입니다. 그리고 나의 행동에 감동할 것입니다. 내가 해를 가했는데 저런 행동을 보이다니! 이때 원수는 사랑이 무엇인지 생각하며 진심으로 뉘우칠 가능성도 매우 높아질 것입니다.

원수 사랑을 이야기할 때 가장 유명한 이야기가 손양원 목사 이야기입니다. 손양원 목사는 어느 날 두 아들을 한꺼번에 잃었습니다. 한 공산주의자 청년이 두 아들을 총으로 쏘아 죽인 것입니다. 그런데 손양원 목사는 그 원수의 사형이 집행되는 날 달려가 사형 집행을 막고 그 원수를 용서하며 양아들로 삼았습니다. 그러자 양아들이 된 원수는 참회의 눈물을 흘리며 평생 기독교에 귀의하여 살게 됩니다.

실제 원수에게 사랑을 베풀어 그 원수도 교화되는 이런 감동 사연들이 많습니다. 만약 이렇게 원수가 진심으로 뉘우칠 수 있다면 나의 용서도 가능할지 모릅니다. 이렇게 되면 이제 원수가 원수를 낳는 악순환의 고리는 그것으로 끊어질 수 있을 것입니다. 그래서 성서에서 원수 사랑이 중요하다고 가르치는 것입니다.

사실 세상의 불행은 대부분 원수 문제 때문에 생깁니다. 내 가족의 생명을 앗아갔어! 내 돈을 사기 쳤어! 내 자존심을 완전히 망가뜨려버렸어! 그래서 분노하고 증오하고 다시 원수를 만들어냅니다. 아마도 우리 사회에 이 원수 문제만 사라져도 행복해지는 사람들이 훨씬 많아질 것입니다. 그런 면에서 성서에서 말하는 원수 사랑은 원수 문제를 해결할 수 있는 최선의 방법을 제시하고 있다고 할 수 있습니다.

감사하고, 또 감사합니다.

순례길을 마치고 돌아오니 지인인 김윤정 부원장으로부터 이런 문자가 왔습니다.

아…… 어떻게 된 일인지…… 가슴이 뭉클하네요. '뭉클'은 마음과 마음이 부딪치는 소리라던데.
떠나신다고 들은 게 엊그제 같은데 이미 한국에 도착하셨다는 소식을 들으니 다시 한 번 깊은 존경심이 듭니다. 이곳에서의 일정을 한 달이나 미루실 수 있는 자신감, 자기 주도적 결정……, 누구에게나 있는 능력이 아니기에.

신이 인간에게 준 가장 큰 축복은 내일을 베일로 가려놓은 것이라고 합니다.

아무도 알 수 없는 내일이기 때문에 날마다 새로운 꿈을 꾸고 희망을 가질 수 있습니다.

수많은 사람들이 천 년 전부터 이 길을 걸었다고 합니다. 이 길을 걷기 시작하면 누구나 순례자가 됩니다. 어떤 순례자는 무엇인가를 얻으려고, 어떤 순례자는 무엇인가를 버리려고, 어떤 순례자는 무엇인가를 찾으려고, 어떤 순례자는 무엇인가를 잊으려고 이 길을 걷습니다.

천 년 전부터 이 길을 걸은 순례자들은 모두 그들이 품고 온 본질적 질문의 답을 찾았을까요? 누구나 자기 인생에 대해 묻는 것처럼 이번 여정도 제게는 의문으로 시작되었습니다.

이 험한 길을 왜 가야 하는가?

이 길의 끝에서 얻을 것은 무엇인가?

이 길이 그만한 가치가 있는 것일까?

인생처럼 이 길도 알 수 없는 여정이겠지만, 분명한 것은 제게 고통을 통해서 성찰을 갖게 하고 그 성찰은 새로운 방향과 또 다른 세계를 열어줄 것이라는 믿음입니다.

걸으면서, 저를 나서게 한 그 길에 서서 그 길에게, 그리고 그 길 위에 서 있는 제게 끊임없이 물었습니다.

그러나 30일을 눈물로 걸었지만 길 위에서는 본질적 질문에 응답하는 궁극의 답을 찾을 수 없었습니다. 답은 저 자신에게 있었습니다. 단지 이 길은 제 스스로의 내면을 들여다보게 만들어주었을 뿐입니다.

순례길을 걸으면서 끊임없이 고민한 것은 존재에 관한 것이었습니다. 삶과 죽음, 인간이 갖고 있는 구조적 한계 등 수 많은 생각을 거듭하는 순례길을 마치고 돌아와서 지금은 종교를 갖게 되었습니다. 제게는 또 하나의 엄청난 선물입니다.

제가 경험한 이 순례길의 이야기가 당신 인생의 먼 길을 완주하는데 조금이라도 도움이 되길 빌겠습니다.

　　당신의 인생길을 의미 있고 아름답게 완주할 수 있도록 응원하겠습니다.

　　당신의 영혼을 위해서 기도하겠습니다.

　　산티아고데콤포스텔라 대성당을 지나 0.00킬로미터 표지석이 있는 땅끝에 도착했을 때 저 자신에게 말했습니다.

　　"송진구! 그래, 다시 시작이다!"

　　그곳에는 끝없이 펼쳐진 대서양이 시작되고 있었습니다.

　　감사합니다.

특권

둘째 원호가 다섯 살이었을 때 가끔씩 "아빠, 똥꼬 닦아 주세요."라고 부탁을 해왔다. 가까이 있는 제 엄마가 닦아 주려고 하면 꼭 아빠가 닦아야 한다고 우겨서, 냄새나는 똥꼬를 닦아 주었지만 기분은 왠지 좋았다.

아들 녀석의 똥꼬를 닦아 주면서 사랑에 대해 생각해 보았다.

먼저, 남이 보아선 하찮은 것이지만 자신에게 소중한 것을 내어놓는 것이다(아빠에게 똥꼬 닦을 특권을 주듯이……).

둘째, 사랑하는 사람에겐 자신의 가장 쑥스러운 치부나 비밀을 있는 그대로 드러내는 것이다.

셋째, 성장함에 따라 사랑의 표현 방식도 변해야 한다는 것이다. 성인이 되어서도 아빠에게 똥꼬를 내밀 수는 없지 않는가?

《물속의 물고기도 목이 마르다》 중에서

당신은 오늘 사랑하는 이에게 어떤 특권을 주었습니까?

《물속의 물고기도 목이 마르다》 중에서

모래 뿌리기

아침밥을 할 때 쌀과 함께 모래를 한 주먹씩 넣는다면 어떻게 될까?

출근할 때 자동차 엔진에 모래 한 주먹씩을 넣는다면 어떻게 될까?

아마 그날 하루는 종일토록 기분 나쁜 날로 기억될 것이다.

아침 출근 때 당신 가슴속에 부정적 생각, 열등감, 좌절,
근심을 집어넣는 것은 모래를 엔진에 집어넣는 것과 같다.
모래를 넣고 안 넣고는 당신이 결정할 일이다.

난 단지 하루를 신나게 시작하고 싶다.

《물속의 물고기도 목이 마르다》 중에서